명상사
유상사

공직생활 30년 후에 전하는 상사 이야기

명상사 유상사

김의환 지음

인터북스

　2019년, 뉴욕 UN 본부에서 귀국해 세종청사에 출근하자마자 너무나 다른 조직문화와 행정 시스템에 직면했다. 26년 가까이 몸에 익을 대로 익은 한국 행정문화인데도 불과 1년 6개월 동안의 UN 근무 기간을 통해 이미 내 몸은 UN의 시스템에 완벽하게 적응되어 있었다. 일반적으로 악화가 양화를 구축한다고 하지만 적어도 내 경우는 그 반대였다. 비록 정년퇴직이 코앞에 다가온 노병이지만 단 한 가지라도 합리적이고 우리보다 나은 시스템이 있다면 모두 스펀지처럼 빨아들이고 싶은 열정이 아직 내 몸에 남아있었다. 어쩌면 1년 6개월 동안 맛본 UN 근무 시스템이 내 몸속 26년 한국 행정시스템을 완벽하게 대체했는지도 모른다. 다르게 말하면 신세계를 접한 내 몸은 여전히 변함없는 어쩌면 더 후퇴한 한국 행정의 구태의연함에 맹렬하게 저항하고 있었다.

　특히 내가 UN으로 떠난 후 부임해서 얼굴도 본 적이 없는 상사는 종전에 흔하게 볼 수 있었던 관리, 통제 지향적인 상사들과는 통제의 차원이 달랐다. 결국, 내 인내심은 며칠 만에 바닥을 드러내었다.

　UN의 상사들은 어떻게 하면 직원이 효율적으로 일할 수 있을까를 고민한다. 반면에 우리 상사들은 어떻게 하면 직원을 제대로 통제할 수 있을까를 고민하고 있었다. 그래서 이 책을 쓰게 되었다.

이 책은 그런 상사들이 내게 준 생생한 영감 덕분에 나오게 되었다. 직원을 통제·감시, 지시·감독하는 것이 유능한 상사의 역할이라고 확신하고 있는 한국의 수많은 상사에게 일독을 권하고 싶다.

도움을 주신 분들 모두 일일이 밝힐 수는 없지만 진심으로 감사드린다. 생애 첫 출판이라 귀찮을 정도로 수정요구를 많이 했음에도 좋은 책으로 보답해준 인터북스 김미화 대표와 직원들께 감사드린다. 특히 출판사·저자 사이에서 온갖 상황을 조율하며 저자의 스트레스까지 감당해야 했던 방완혁 대표에게 심심한 감사를 표한다. 방 대표가 없었다면 이 책이 나오기 쉽지 않았음을 밝힌다. 또한 아름다운 책 표지 글자체를 만들어 준 서울시 김의승 실장, 그리고 급하게 부탁했음에도 불구하고 멋진 일러스트를 완성해준 배주연 일러스트레이터께 감사를 표한다.

마지막으로 내게 늘 영감을 주고 방향을 함께 고민해준 아내와 표지 디자인을 디렉팅해 준 사랑하는 내 딸 김푸름에게도 대견함과 고마움을 전한다.

용어해설

명 상사   멍청한 상사의 줄임 말
유 상사   유능한 상사의 줄임 말
리더·상사   중앙부처, 지자체, 대기업 및 공기업의 간부

" 유능한 리더·상사를 만들기는 어렵다.

그러나 그들의 리더십을 따라할 수는 있다. "

"조직은 유능한 상사(유 상사)를 가진 조직과 그렇지 못한 조직으로 구분된다."

상사의 역량은 조직의 성패를 좌우한다. 시대의 흐름을 읽고 구성원의 역량을 모아 성과를 이루어 내는 것이 상사의 역할이다. 조직 구성원이 역량을 발휘하지 못하는 이유는 대부분 무능하고 멍청한 상사(멍 상사)들 때문이다.

"통제, 감독, 지시에 능한 관리자는 넘쳐나지만 직원을 이끄는 리더십을 갖춘 상사는 부족하다."

세계 속의 한국, 세계가 주목하는 코리아가 되었지만, 아직도 정부, 기업에서는 관리를 상사의 역할로 이해하고 있다.
관리, 통제 지향적 상사 밑에서는 우수하고 창의적인 직원들이라도 평범한 성과밖에는 낼 수가 없다.

"유능한 리더, 상사를 당장 만들기는 어렵다. 그러나 그들의 리더십을 따라 할 수는 있다. 리더십은 이론이 아니라 실천에 관한 것이기 때문이다."

우리에게 필요한 것은 리더십에 관한 이론서가 아니라 상사들을 위한 리더십 실천 가이드 북, 교본서(매뉴얼)이다.
유능한 상사(유 상사)의 바람직한 리더십을 이해하고 따라 할 수 있도록 직원과 상사가 현실에서 마주치는 대표적인 상황 들을 선정하였다.
유 상사와 쉽게 대비 될 수 있도록 따라 해서는 안 될 멍청한 상사(멍 상사)의 행동 유형도 상세하게 설명하였다.

탁월한 상사는 자기 능력 80%를 직원의 사기를 높이는 데 사용한다. 반대로 최악의 상사는 80%를 간섭, 지시, 확인, 비난, 의심 및 통제에 사용한다. 상사에 해당하는 사람들은 스스로에게 물어봐야 한다. 나는 어떤 상사인가?

칭찬과 격려를 통해 구성원은 성장, 발전한다. 불신, 지적, 무관심은 구성원의 영혼을 파괴하고, 결국 조직의 쇠퇴를 가져온다.

'상사'병

말기 암과 함께 인류가 아직 정복하지 못한 사회적 질병이다. 우리 사회에도 광범위하게 퍼져 있어 그 치료가 시급하다. 상사병은 본인은 물론 구성원을 오염시키고, 결국 조직도 망하게 하는 무서운 병이다.

이번 정부 들어서도 상사병은 바이러스처럼 사라지지 않는다. 불나방처럼 권력을 향해 무섭게 달려드는 자들은 대부분 리더로서의 준비가 부족한 상태다. 만만한 정부 부처 장관과 공기업 사장, 이사장 자리는 선거 낙선자를 비롯해 정권 공신들의 몫으로 주어진다. 그러나 조직근무 경험이 없고 의욕만 넘치는 낙하산들에 의해 조직구성원의 피로만 가중되는 경우가 흔하다. 공사조차 구분하지 못해 지탄받는 기관장들도 어렵지 않게 볼 수 있다.

그러나 최근 연이어 발생한 지도자급 위치에 있는 인사들의 추한 행태는 개인과 조직은 물론 대한민국 국격에도 엄청난 충격과 피해를 주고 있다. 권력이 탐이 나서 그 자리를 차지했지만, 그 자리에 걸맞은 역량, 리더십, 자질을 갖추지 못했기 때문이다. 자신은 물론 국가의 명예까지 추락시킨다. 이런 일이 발생하는 이유는 리더가 무엇인지, 상사가 어떠해야 하는지를 모르기 때문이다. 그들이 알고 있는 한 가지는 그 자리를 차지하는 방법뿐이다. 여기에 우리의 비극이 있다.

한편, 수백 대 1의 경쟁을 뚫고 대기업에 입사하고도 2~3년 내에 퇴사*하는 신입사원이 생겨나는 것은 대체로 상사병 때문이다. 민간 기업에 비해 안정적 직장이라 여겨지던 공무원도 최근 들어 재직기간 5년 미만 퇴직자들이 늘어나고 있다. 경직된 조직문화와 상사병이 주요 원인이다**. 상사병은 조직 내 상하 간의 지속적인 불화를 뜻하며, 대부분 상사의 리더십 부족으로 발생한다. 리더십 부족은 리더·상사가 해야 할 일과 해서는 안 될 일을 구분하지 못하기 때문에 발생한다.

상사는 위에 군림하기만 해서는 안 되며 리더십을 발휘해야만 한다. 그러나 자리와 지위에 걸맞은 리더십을 지닌 리더는 많지 않다. 실무자, 직원일 때는 잘하던 사람도 위로 올라가서는 무능한 상사로 변하는 경우도 적지 않다.

. . . .

* 2016년 한국경영자총협회가 312개 기업을 대상으로 조사한 대졸 신입사원의 1년 내 퇴사율은 27.7%에 달한다.
** 공무원연금공단 2020년 국정감사 제출자료에 따르면 재직 5년 미만 퇴직자는 5181명(2017), 5670명(2018), 6664명(2019)으로 계속 증가추세에 있다.

망하는 조직은 일을 안 해서가 아니다. 반대로 너무 일을 많이 해서 망한다. 해야 할 일보다 불필요한 일을 너무 많이 한다. 쉼 없이 쏟아지는 상사의 지시, 주문에 피로도는 높아져만 가고 성과는 나지 않는다. 멍청한 상사는 부하직원의 상황에는 아랑곳하지 않고 불필요한 지시만 쏟아낸다.[*] 유능한 상사는 지시하지 않는다. 대신 질문을 한다.[**] 그래서 직원 스스로가 알아서 일하게 만든다.

동서고금을 막론하고 사회나 조직을 이끌어가는 지도층의 역량은 공동체의 운명을 결정짓는 중요한 요소로 작용한다. 멍청한 상사가 기업의 최고위층이 되면 해당 기업만 망하게 되지만 정부 부처와 국가 주요 자리를 차지하는 상사들이 멍청하고 무능하면 국민 전체가 고통을 겪게 된다.

그러나 역량 있는 상사는 하늘에서 떨어지지 않는다. 좋은 자질을 가진 인재를 발굴하고 다양한 경험을 쌓을 기회를 주어야

· · · · · · · · · · · · · · · ·

[*] 무능한 리더는 일반적으로 일을 엄청나게 많이 한다. 엄청나게 일을 많이 하지만 효율성도 낮고 효과도 없다. 그렇게 일하는 것을 자랑하면서 부하직원들을 모두 같은 방향으로 몰아간다. 무능한 상사는 회의를 많이 하고 쓸데없는 보고서를 만들게 하고 수시로 검토를 시킨다. 이런 상사 곁에서 일하는 직원들은 시키는 일만 하는 소극적 존재가 되고 조직전체도 실력이 향상되지 못하고 쇠락하게 된다. 권오현, 2020, 『초격차: 리더의 질문』, 쌤앤파커스.

[**] 고 이건희 삼성회장은 질책·비난 대신에 '5Whys'라는 5가지 질문으로 직원들 스스로 문제점을 찾도록 했다.

하며, 능력에 따라 적재적소에 배치하는 시스템이 있어야만 유능한 상사들을 길러낼 수 있다.

기업이나 조직은 곧 사람이다. 좋은 자질을 가진 사람이 다양한 경험을 통해 길러지고, 단계별로 검증된 인적자원이 직급별로 풍부하도록 돕는 리더가 있는 조직은 번영할 수밖에 없다.

우수한 직원으로 구성된 조직이라도 저급한 사람이 지도자가 되면 금세 저급한 조직으로 변모한다. 반면에 탁월한 리더와 상사는 역량이 부족한 직원을 끌어올려 조직 전체를 활성화하는 힘과 통찰력이 있다. 따라서 유능한 리더, 상사의 자질을 지닌 인재 발굴과 육성을 조직이 당면한 가장 중요한 목표로 삼아야 한다.

체계적인 리더·상사 육성 과정이 없는 조직은 리더·상사가 교체될 때마다 도박을 하는 것이라고 봐도 무방하다. 갑자기 등장했다가 성추행 등의 추문으로 갑자기 사라지는 시장, 도지사들이 대표적 사례이다.

무능한 상사는 자신의 능력은 생각하지 않고 무리한 일을 벌이거나 자기 존재감을 과시하기 위해 직원을 닦달하는 경우가 많다. 그 부담은 고스란히 조직 전체가 지게 된다.

외부에는 인재가 많은데 왜 조직 내부에는 제대로 된 인재가 없냐며 불평을 쏟아낸다.[*]

· · · · · · · · · · · · · · · ·

[*] 인재가 없다고 말하는 상사는 자신이 제일 잘나가고 유능하다고 생각하기 때문이다. 권오현, 2020, 『초격차: 리더의 질문』, 쌤앤파커스.

조직 구성원이 절망하는 것은 일이 많아서가 아니다. 자신이 하는 일에 의미를 잃어 스스로의 존재감이 낮아졌기 때문이다. 새로운 일을 벌이고 일을 만드는 것보다 더 중요한 것은 직원의 자긍심, 존재감을 회복시키는 것이다. 유능한 상사는 구성원을 힐책하고 외부인재를 찾는 것이 아니라 구성원의 가능성을 발견하고 그들 스스로가 자신들의 능력을 발휘하게 만드는 사람이다.

자격 미달인 사람이 조직의 리더·상사가 되면, 자신의 자리 유지와 다음 번에 차지할 자리를 최우선 목표로 삼는다. 지금 자신이 몸담고 있는 조직은 더 큰 출세를 위한 도구일 뿐이다. 그런 자들은 대부분 의욕은 넘치지만, 경험과 능력이 부족하기 때문에 조직은 갈지자로 우왕좌왕할 수밖에 없다.

"관리자는 넘치지만, 리더는 없는 우리 현실…"

우수하고 창의적인 직원이 모여서 평범한 성과를 내는 것으로 그친다면 이것은 결국 상사의 자질 문제라고 보아야 한다.

한국인의 잠재력, 근면성은 이제 세계가 인정하고 있다. 기업, 경제는 물론 영화, 스포츠, 음악 등 각 분야에서 세계적인 역량과 수준을 자랑하고 있다. 그러나 공직사회를 비롯한 대기업 등의 조직문화는 믿기 어려울 만큼 60~80년대 방식인 통제, 지시, 감독, 관리에 머물러 있다. 정부와 대기업의 전반적인 조직 운영과 리더십 역량은 세계적인 수준*은 고사하고, 과거와 비교한다고 해도 별로 나아진 게 없다.

리더·상사만 이런 사실과 현실을 모른다. 오히려 그들은 직원이 현실을 모른다고 말하면서 더욱 과거 방식을 고수하려고 한다. 그 때문에 많은 조직 구성원들이 조직 내에서 활기를 잃고 있다. 정부, 민간 가릴 것 없이 통제, 관리 중심의 리더십으로 이만큼이라도 우리가 발전한 사실이 오히려 더 놀랍다.

우리의 문제는 공장 재고품 관리처럼 관리에는 능하지만, 사람을 이끌 수 있는 능력을 지닌 리더·상사가 없다는 것이다. 관리자는 넘쳐나는데 경영능력을 갖춘 상사는 부족하다. 높은 자리는 많으나 그 자리가 요구하는 리더십을 갖춘 사람들이 많지 않다. 지시, 요구, 군림하는 상사는 많지만, 직원을 스스로 움직이게 만드는 상사는 찾기 힘들다.

조직의 리더는 남의 행동에 대해 이래라저래라 떠들기만 하면 되는 사람이 아니다. 기차 나사 숫자가 몇 개인가 묻고, 새벽 한두 시에 직원에게 업무 메일을 보낸다고 성과가 발생하지 않는다. 리더는 실제 상황에서 올바른 판단을 내리고 직원을 움직여 구체적인 결과물을 만들어야 한다. 리더십은 군기를 잡는다고 생겨나지 않는다. 리더가 맨 앞에 나서서 소리 지르거나 구호를 외쳐도 통하지 않는 시대다. 조직 구성원도 상사의 일방적 지시, 강요 메일은 바로 삭제하지만, 진정성이 느껴지는 메일이라고 생각하면 저장하거나 되새긴다. 직원은 다 알고 있다.

⁎ 초일류 기업이라고 하는 삼성조차도 기술력은 분명히 초일류가 맞지만 "관리의 삼성"이라는 말에서 나타나듯이 조직문화와 리더십은 초일류로 보기는 어렵다.

다만 말을 하지 않는 것뿐이다.

상사의 역할 중 중요한 것은 지휘, 통제가 아니다. 정보를 원활하게 소통시키는 것이 오히려 더 중요하다. 지금 시대에 필요한 상사는 무서운 감독이 아니라 치어리더다. 직원이 스스로 움직이도록 북돋아 주어야 한다.

그렇다면 우리에게는 왜 리더십을 갖춘 상사가 많지 않을까?

상사를 길러내기 위한 준비를 하지 않았기 때문이다. 물건은 빨리 만들어 낼 수 있지만, 훌륭한 상사는 빠르게 만들어지지 않는다. 최고위 과정, 리더십 양성코스, 글로벌 리더 과정…. 리더를 키운다고 말하는 대학은 넘쳐나지만, 우리가 기대하는 리더들은 나타나지 않는다. 리더는 속성과정으로 키울 수 없기 때문이다. 리더는 갑자기 나타나는 것이 아니라, 오랜 기간의 준비과정을 통해 길러지는 것이다.

선진 일류국가들은 수백 년 전통의 수백 개가 넘는 명문 사립학교에서 높은 공인의식, 국제적 안목 그리고 뛰어난 실력을 갖춘 인재들이 키워지고 길러진다. 이를 두고 영국 이튼스쿨의 운동장에서 리더가 키워진다고 말하기도 한다.

세계 속의 한국, 세계가 주목하는 한국이 되었지만, 아직 공공, 민간 부문을 막론하고 조직을 이끄는 리더·상사의 수준은 대한 민국의 위상에 한참 못 미친다. 높은 자리를 차지하려 몰려드는 자들은 많지만, 그 자리에 걸맞은 사람들은 많지 않다. 그래서 역량이 부족한 사람들로 그 자리들은 채워진다. 그러나 수준

낮은 상사만을 탓하고만 있을 수는 없다. 정치는 물론이고 경제, 외교, 행정, 교육, 국방, 문화, 체육 등 우리 사회 모든 분야에서 시시각각 중요한 판단과 결정이 이루어져야 하기 때문이다.

우리가 당장 유능한 상사와 리더를 만들어 낼 수는 없다. 그러나 유능한 상사와 바람직한 리더십이 무엇인지 따라 할 수는 있다.

바람직한 리더십을 제대로 연구하고 잘 따라 하기만 해도 리더십 부족으로 인한 여러 비효율과 낭비를 줄일 수 있지 않을까? 리더십은 이론이 아니라 실천에 관한 것이기 때문이다. 이 책은 리더십을 갖춘 상사가 되고자 하는 사람들을 위해 기획되었다.

유능한 상사의 바람직한 리더십을 이해하고 따라 하기 쉽도록, 직원과 상사가 현실에서 마주치는 여러 상황을 선정하였다. 각 상황마다 따라 해서는 안 될 상사의 모습과 행동, 그리고 유능한 상사의 행동과 모습을 대비하여 제시하였다. 멍청하고 무능한 상사(멍 상사)와 리더십을 지닌 유능한 상사(유 상사)가 보여주었던 실제 사례들도 첨부하였다. 사례 중 일부는 지금의 기준으로는 이해하기 힘든 다소 거친 내용도 있으나 당시 상황을 설명하기 위해서 그대로 수록하였다. 앞에서도 언급했지만, 이 책은 리더십에 관한 이론서가 아니라 리더와 상사들을 위한 실천 가이드 북이자 교본서(매뉴얼)이다.

멍 상사로 대표되는 리더는 정부는 물론 대기업, 공기업 등 우리 주변에서 볼 수 있는 한심하고 무능한 상사들이다. 이에 반해 유 상사는 우리 사회에 필요한 능력 있는 일류 상사의 모습을 보여준다.

직원이 역량을 발휘하지 못하는 이유는 거의 90%가 멍 상사와 같은 상사 때문이다. 멍 상사로 가득한 조직이나 국가는 사실상 상사가 없는 것과 마찬가지다. 일본 전국시대를 끝내고 통일을 목전에 두었던 오다 노부나가는 "무능한 참모(중간 리더)는 적보다도 못하다"고 했다. 스티브 잡스도 조직 구성원의 좋은 아이디어들이 무능한 중간 리더의 결재단계에서 사라지는 것을 막기 위해 5단계 결재를 2단계로 축소하라고 했을 정도다.

30여 년간 공직생활을 하며 수많은 상사를 만났다. 문서를 집어 던지는 사람, 욕을 입에 달고 있는 사람, 보고서 중독증에 걸린 사람, 책임을 안 지는 사람, 집에 안 가는 상사, 위에는 말 한마디 못하고 직원만 들들 볶는 사람, 규정을 불변의 진리로 모시는 꽉 막힌 사람… 그런 상사 중에 최악의 멍 상사는 누구일까 생각해 보았다.

"멍 상사, 유 상사"는 나 자신을 비롯해 그런 상사로부터 영감을 받아 정리한 글이다. 나 역시 20년 가까이 과장, 국장, 1급을 거치며 상사로 생활했기 때문이다. 유능한 상사는 자연스럽게 멍 상사의 반대 유형이다.

이 글에서 제시된 상사의 모습은 주로 공직사회가 배경이다. 청와대를 비롯한 중앙부처들과 공기업을 망라했다. 필자가 직접 경험한 것도 있고 주변 지인을 통해 들은 이야기도 포함되어 있다. 공직사회뿐만 아니라 대기업을 포함해서 관료화된 우리 사회 조직 대부분이 비슷한 리더십 위기를 맞고 있다고 생각한다.

조직의 목적은 성과를 내는 것이다. 치열한 무한경쟁 속에서 살아남고 발전하기 위해서는 역량을 키워야 한다. 리더십은 성과에 관한 이야기이다. 성과를 내지 못하는 조직이나 국가는 결국 퇴보하고, 종래에는 사라진다. 리더십은 조직의 성패를 좌우한다. 시대의 흐름을 읽고 구성원의 역량을 모아 성과를 내게 하는 것이 리더와 상사의 역할이다.

이 글에서는 상사로서 갖추어야 할 인간적 요소와 능력을 크게 5가지로 구분해 보았다. 상사의 품성·태도, 직원 공감능력, 전략적 마인드, 업무 추진역량 그리고 판단력·통찰력을 가장 중요한 요소로 보았다. 5가지 요소를 갖추지 못한 멍 상사의 경우 "밥 같이 먹기 싫은 상사", "말이 통하지 않는 상사", "배울 것이 없는 상사", "실력 없는 상사", "존재감 없는 상사"라는 주제로, 보다 현실적으로 분류하였다.

당연한 결과로서 5가지 요소를 갖춘 상사는 유능한 상사, 유 상사이다. 완전하지는 않겠지만 어느 정도는 바람직한 상사, 리더의 모습을 그리고 있다고 자부해 본다.

멍청하고 무능한 멍 상사들이 대거 퇴출되고, 유 상사와 같이 유능한 상사가 많아진다면 우리 사회는 지금보다 엄청난 발전을 이룰 것이라 믿는다. 능력이 뛰어나면서도 인품이 훌륭해서 누구나 닮고 싶어 하는 유 상사가 많아지기를 꿈꿔본다.

멍 상사는 어디에나 있다. 높은 자리일수록 멍 상사가 많다. 유능한 상사가 높은 자리에 오르는 경우는 드물다. 대부분 중간에 잘리거나 조직을 스스로 떠나기 때문이다. 이런 현상은 노벨 경제학상을 받은 미국의 뷰캐넌 교수에 의해 공공선택 이론으로 정립되어 있기도 하다.[*]

멍 상사의 특징 중 하나는 바쁘다는 것이다. 모든 보고를 받고 매일 직원을 불러서 회의하느라 너무나 바쁘다.

유 상사도 바쁘다. 스스로 발표를 준비하며, 직원을 만나러 가고, 직원을 웃기느라 바쁘다.

멍 상사의 유형은 백인 백색이다. 인상파, 미소파, 침묵형, 수다형 … 그러나 공통점은 무능이다. 직원은 모두 알고 있는데 본인만 본인이 무능하다는 것을 모른다. 조직은 정체하거나 퇴보한다.

. . . .

[*] 제임스 뷰캐넌은 공공선택이론에서 그레샴 법칙을 정치에 적용했다. 권력을 이용해 이득을 얻으려는 사람일수록 출세하기 위해 모든 노력을 기울이는 반면에, 사심 없는 사람은 그렇지 못하기 때문에 고위 공직에 못 오른다는 것이다." 박지향, 서울대 명예교수, 2020.10.23., 한국경제 다산칼럼.

반면에, 유 상사는 대부분 비슷한 특징을 지닌다. 한마디로 그들은 멋있다. "멋"은 능력, 역량과 여유에서 뿜어져 나온다.

상사는 이끄는 사람이다. 문제는 방향이다. 유 상사는 앞으로, 발전하는 방향으로 조직을 이끈다. 멍 상사는 뒤로, 후퇴하는 방향으로 이끈다.

I

밥 같이
먹기 싫은
상사

품성 · 태도

직장에서 밥을 같이 먹고 싶은 사람은 누구일까?
그 상대가 만약 상사라면 어떤 상사와 식사를 하고 싶을까?
아무래도 인간미 있는 상사가 아닐까?
상사의 인품과 매너는 직원을 끌어당긴다.

1 구성원의 장점에 주목한다.

2 신속하게 결정한다.

3 적극적으로 직원을 칭찬한다.

4 부하직원의 승진에 최선을 다한다.

5 모든 일에 앞장선다.

6 외부로부터 직원을 보호한다.

7 사사건건 간섭하지 않는다.

8 직원을 존중한다.

9 자신의 승진을 부탁하지 않는다.

10 자신에게 엄격하고 직원에게는 관대하다.

11 권위적이지 않으나 권위가 있다.

12 부하 직원에게 막말하지 않는다.

13 자신보다 직원 · 조직을 우선한다.

장점과 단점

무엇이 더 중요한가?

유 상사는 구성원의 장점에 주목한다.

'잘하는 것을 더 잘하도록 노력하게'라고 격려한다.

유능한 상사는 구성원의 장점을 더 강화시킨다. 개인의 성장이 곧 조직발전에 도움이 된다고 믿기 때문이다. 상사에게 격려·칭찬을 받은 직원은 사기가 올라가고 자신의 역량을 더욱 키워간다. 그로 인해 조직은 역량 넘치는 직원으로 가득해진다.

멍 상사는 구성원의 단점만 본다.

'당신은 이것만 고치면 문제없다'라고 말한다.

멍청한 상사는 직원의 단점을 지적하는 일에만 주력한다. 직원의 장점에는 관심이 없다. 장점이 많아도 오로지 단점만 찾아낸다. 유능한 직원도 단점만 들춰내는 상사 앞에서 의욕을 잃고 만다. 결국, 처음에는 유능했던 직원도 점점 유능함을 잃고 멍 상사처럼 무능하게 변한다.

무능한 사람과 유능한 사람의 차이

무능한 사람

- 타인의 단점에 주목한다.
- 비방과 대립으로 허송세월한다.
- 발전은 없고 후퇴와 실패로 인생을 마친다.

유능한 사람

- 자신과 직원·상사의 강점에 주목한다.
- 잘하는 것을 더욱 발전시켜 일류가 되고자 한다.
- 타인의 장점을 흡수하려고 노력하기 때문에 발전한다.
- 장점에 주목해 발전을 꾀하면 어느새 단점도 사라진다.
- 단점만을 주목하게 되면 자신의 장점조차 사라지고 아무것도
  이루지 못한다.

단점을 고쳐서 일류가 된 사례는 없다. 역사와 세상은 잘하는 것을 더 잘하게
하는 것이 일류로 가는 길임을 보여준다. 개인이나 국가나 마찬가지다.

K과장

　K과장은 직원의 장점에는 관심이 없다. 아니, 직원 자체에
관심이 없다. 오직 자신이 필요한 것만 관심이 있다. 보고서의
줄 간격, 문단 세로 정렬을 지적한다. 한눈에 들어오지 않는
보고서는 내용은 별개로 하고 일단 기본이 안 된 보고서라고
질책한다. 전날 거의 밤을 새우다시피 고생하며 만든 사무관의

보고서에 대해 "당신 IQ가 얼마냐?"는 등 인격 모독적인 발언도 서슴지 않는다. 개인적인 사유로 얼마 후 조직을 떠나려던 사무관은 자신의 계획을 앞당겨 사표를 낸다. 다른 사무관도 곧 그 방을 떠난다. K과장과 근무하던 직원은 깊은 상처와 반감을 품고 그 시절을 기억한다. 직원을 무시하고 모욕적 언사도 서슴지 않던 K과장은 훗날 고초를 겪게 된다.

02
결정을 피하는 상사
상사의 역할은 결정하는 것이다.

멍 상사는 결정을 주저한다.

시급한 사항임에도 결정을 미룬다. "왜 내가 결정해야 하는가"라고 묻는다. 자기의 윗선으로 보고하라고도 한다. 자신은 관계없는 일이라고 주장한다. 주요한 사항을 심의하기 위해 위원회가 개최되면, 위원장임에도 시도 때도 없이 회피 신청을 한다. 담당 직원은 속이 탄다. 위원회 구성이 안 되면 심의가 지연되고 여러 업무 일정이 지장을 받기 때문이다. 멍 상사는 아랑곳하지 않는다. 그리고 결정이 지연됨에 따라 중요한 일들이 추진되지 못한다.

그 상사는 최악의 상사로 기억된다.

유 상사는 신속하게 결정한다.

상사의 역할은 결정하는 것임을 잘 알고 있기 때문이다. 담당 업무에 정통한 유 상사는 주저함이 없이 올바른 결정을 내린다. 주요 사항을 심의하기 위한 위원회가 개최되면, 적극적으로 임한다. 그 덕에 일이 빠르게 추진되고 성과가 발생한다. 담당 직원은 포상 대상자가 된다. 성과로 인한 공을 직원에게 양보한다.

직원들은 상사의 신속하고 정확한 결정에 대해 뿌듯해하며, 그런 상사를 가지고 있음을 자랑스러워한다.

 모 부처 A국장

보고를 받은 후 결재를 하지 않는다. "결재를 하셔야 일이 추진됩니다."라고 직원이 얘기하면 내가 왜 책임을 져야 하냐고 하면서 끝까지 결재하지 않는다. 결국, 일은 한 발짝도 추진되지 못한다. 국장 결재란은 공란이 된 채로…. 그 국장은 더 승진하지 못했다. 직원들은 명문고·명문대학 출신에 행정고시를 합격한 것과 업무능력은 반비례라고 입을 모은다.

03

직원에 대한 애정

외부인사가 참여한 회의에서의 행동

멍 상사는 외부인들이 모인 회의에서도 자기 직원에 대해 흔쾌히 지적, 질타한다.

주로 오타 및 띄어쓰기 등 지엽적인 사항들을 강력하게 지적한다. 외부인사들보다 더욱 세게 질책하고 비판한다. 직원이 고생해서 만든 성과에 대해서는 침묵한다. 직원과 조직에 대한 애정이 없기 때문이다.

직원은 그런 자가 자신의 상사라는 사실이 슬프다.

유 상사는 외부인사들과 함께 하는 회의에서 직원을 적극적으로 칭찬한다.

어려움 속에서 직원이 이룬 성과를 찾아서 설명한다. 직원이 만든 정책과 제도의 취지 및 효과에 대해 설득력 있게 설명한다. 맞춤법, 띄어쓰기 등 지엽적인 사항은 회의 종료 후 직원을 불러 조용히 알려준다.

직원은 상사에게 애정과 신뢰를 느끼고, 자신의 상사를 자랑스럽게 여긴다.

C 차관급

그는 외부위원으로 가득한 위원회에서 좀처럼 자신의 의견을 내지 않는다. 회의에서의 모든 발언은 기록된다는 것을 알고 있는 그는, 발언했다가 혹시라도 문제가 생길지 몰라 극도로 몸을 사리기 때문이다.

조직발전과 관련된 문제는 물론 직원에 대한 칭찬도 한마디 하지 않는다. 그러나 그가 위원회에서 힘차게 발언할 때가 있다. 위원회에 상정한 안건에 오타가 있을 경우이다. 신랄한 지적과 함께 철저히 검토하라는 지시를 강조한다. 직원은 자신들의 차관이 외부인사처럼 느껴진다.

04

직원의 승진

자신의 승진만큼 신경 쓰고 있는가.

유 상사는 자신의 승진만큼 부하직원의 승진을 신경 쓴다.

승진심사회의가 소집되면 철저히 준비한다. 모든 요소를 고려하여 팀원들을 승진시킬 수 있는 최고의 전략을 수립한다. 회의에서 주장할 논리를 가다듬고, 자기 직원의 장점을 어떻게 부각할 것인가를 고민한다.

회의 결과는 항상 만족스럽다. 직원은 사기충천한다. 자신의 상사를 따르면 승진이 따라온다는 것을 믿는다. 직원은 더욱 열심히 일한다. 조직은 더욱 발전한다.

멍 상사는 자신의 승진 이외에는 관심이 없다.

직원의 승진에는 관심을 두지도 않는다. 그래도 승진심사 회의가 공지되면 승진심사 회의를 준비하는 시늉은 한다. 승진은 직원의 최대 관심사이기 때문이다. 그러나 막상 승진심사 회의가 열리면 멍 상사는 별로 할 말이 없다. 치열하게 준비하지도 않았으며, 애초에 그럴 마음도 없었기 때문이다.

회의 결과에 멍 상사의 부하직원들은 실망한다. 멍 상사는 승진에 실패한 직원을 부른다. 다음에 하면 되니 기다리라고 말한다. 그러나 같은 결과가 반복되자 그 직원은 결국 승진을 포기하고 다른 부서로 옮긴다. 그러고 나면 새로운 직원이 온다. 시간이 흐르면 그 직원도 떠난다.

멍 상사는 그대로 있다. 그 조직에는 우수한 직원이 남아있지 않게 된다.

05

솔선수범

상사는 위에 있는 자가 아니라 앞에 서는 사람이다.

유 상사는 항시 모든 일에 앞장서고 늘 책임을 진다.

위험하고 어려운 일일수록 앞장선다. 그것이 상사의 임무라고 믿기 때문이다. 최선을 다해 조직의 활로를 연다. 손에 식은 땀이 나고 긴장으로 가득하더라도 상사로서 역할을 완수한다. 직원들은 힘이 난다. 직원도 상사를 닮아 전력투구한다. 공은 직원에게 돌리고 문제가 생기면 자신이 책임을 진다. 유 상사는 어떤 일이든 책임은 상사의 몫이라고 말한다. 직원은 상사의 말에 자신을 얻고 어려운 일도 힘차게 추진해 나간다.

상사는 업무추진에 문제가 생겨 고민하는 직원에게 도움을 주고 격려한다. 업무가 정상적으로 추진되지 않더라도 모든 책임은 자신에게 있다고 주장한다. 상사는 승진에서 처지게 된다. 그러나 그는 후회하지 않는다. 그것이 상사의 길이라고 믿기 때문이다.

멍 상사는 늘 모든 일에서 뒤로 빠진다.

책임을 지지 않기 위해서이다. 대신에 직원을 앞세운다. 책임은 항상 직원들에게 있다고 믿는다. 일하다가 문제가 생기면 반드시 책임을 묻겠다고 직원에게 겁을 준다. 직원은 몸을 움츠린다. 기존에 하던 일만 하고, 문제가 예상되는 새로운 일이나 힘든 일은 아무도 하지 않는다.

직원은 위험한 상황에서 하나둘 쓰러져 간다. 상대편에서는 책임자가 나오라고 호통을 친다. 멍 상사는 슬며시 사라진다. 조직은 아무런 성과를 내지 못한다. 멍 상사는 성과를 내지 못한 이유를 직원의 책임으로 돌린다. 직원은 조직을 떠난다.

추장의 특권

프랑스 철학자 몽테뉴가 남미의 인디오 추장에게 물었다. "추장의 특권은 무엇입니까?" 그러자 추장이 망설임 없이 답했다. "전쟁터에서 맨 앞에 설 수 있다는 것입니다."

외부압력

단호히 맞설 것인가 굽힐 것인가.

유 상사는 외부의 부당한 압력, 간섭에 단호하게 맞선다.

유 상사가 있는 한 직원에 대해 외부에서 압력을 넣는 것은 불가능하다. 사소한 잘못이 있는 직원이라도 내부에서 개선토록 하고, 절대 외부로 알려지지 않게 보호한다. 직원은 그런 상사를 무한히 신뢰하며 자신의 업무에 더욱 전념한다. 직원을 징계하라는 외부 권력기관에 단호히 맞선다. 그 때문에 유 상사는 권력기관으로부터 요주의 인물로 간주된다. 유 상사는 승진에서 탈락한다.

멍 상사는 항시 외부의 눈치를 살핀다.

특히 권력기관에 대해서는 비굴할 정도로 아첨한다. 직원의 실수에 대해 추상같이 질책하고 엄정하게 징계할 것을 강조한다. 내부에서 처리가 가능한 사안이라도 반드시 외부 권력기관까지 보고하라고 명한다. 직원은 징계처분을 받게 되고 직원들의 사기는 땅에 떨어진다.

👤 P국장

　정권 초기, 서슬이 퍼런 청와대 행정관이 직원들을 힘들게 한다는 보고를 받고 고민에 빠진다. 자신도 실장으로 승진을 염두에 두고 있어 청와대와는 좋은 관계를 유지할 필요가 있기 때문이었다. 그러나 정도를 넘어선 청와대 행정관의 행태에 결국 P국장은 행정관과 정면충돌하게 된다.

　화가 난 그 행정관은 P국장에게 "청와대 지시를 거부하는 당신 같은 공무원은 자르겠다"고 말했다. 결국, 그 국장은 1급 승진에서 탈락한다. 그런데 얼마 후 신문에 작은 기사가 났다. "청와대 행정관, 택시 기사에게 폭행 및 자신 신분 과시" 결국 그 행정관은 면직되었다.

통제 범위

현미경으로 볼 것인가 망원경으로 볼 것인가.

유 상사는 뇌가 신체와 장기를 직접 통제하지 않듯[*], 직원에게 사사건건 간섭하지 않는다.

직원을 신뢰하기 때문이다. 규제와 간섭이 직원의 업무 의욕을 저하시킨다는 것도 알기 때문이다. 그 때문에 망원경으로 목적지를 바라보는 탐험 대장처럼 직원을 살핀다. 멀리 보이는 것들과 큼직한 것들에 대해 직원과 함께 고민한다. 조직은 큼직한 성과를 내게 된다. 직원들은 상사의 지시와 방향에 대해 감탄한다.

멍 상사는 콩을 쪼개듯이 좁쌀만 한 일 하나까지도 모두 자신이 직접 지시하고 감독한다.

일일이 간섭하지 않으면 부하직원이 움직이지 않는다고 생각한다. 모든 업무를 현미경처럼 속속들이 들여다본다. 직원은 숨이 막혀온다. 상사와 직원은 모두 좁쌀이 된다. 아무리 열심히

. . . .

[*] 권오현, 2018, 『초격차』, 쌤앤파커스.

일해도 성과는 좁쌀만큼 나온다. 멍 상사는 직원을 질책한다. 직원은 좁쌀 같은 상사가 한심하다.

F과장

　자신의 업무능력에 비해 다소 과한 자리에 임명된 F과장.
　무거운 책임감과 더불어 자신의 능력을 윗사람들에게 보여줘야 한다는 강박감에 시달린다. 직원들에게도 더욱 완벽한 업무처리를 요구하다 보니, 시간이 갈수록 직원의 업무 부담이 가중된다. F과장이 직원에게 더 치밀하고 완벽한 자료를 가져오라고 요구하기 때문이다.

　F과장과 직원 간의 대화는 점점 줄어들고 그 과의 분위기는 늘 무겁고 어둡다. 과장은 업무에 전념하기 위해 자신의 책상 위에 입시 수험생처럼 칸막이를 설치한다. 문제는 F과장이 직원에게 더 압박을 가할수록 F과장은 상부로부터 점점 더 인정을 받지 못한다는 사실이다. 직원과 과장 모두 기진할 상태가 될 때쯤, F과장은 깨닫게 된다. 자신이 상부로부터 인정받지 못하는 이유는 직원의 무능함이 아니라 자신의 무능함에서 비롯되었다는 사실을…. 결국 F과장은 그 사표를 내고 그 부처를 떠난다. 직원은 결국엔 사표를 낼 사람이 왜 그렇게 자신들을 괴롭혔을까 하며 한심해한다.

08
나이 많은 직원
인격체로 존중하는가

유 상사는 직원을 존중한다.

직급이 낮더라도 연장자일 경우엔 경어를 사용하고 최대한 배려한다. 직급의 상하는 조직 생활에서의 편의를 위한 구분일 뿐, 인생에서 상하 관계를 의미하는 것이 아님을 알고 있다. 인격과 가치는 직급과는 별개의 것임을 이해하기 때문이다. 삶의 연륜과 경륜을 존중하고 젊은 직원에게도 연장자에 대한 예우를 당부한다. 정년을 맞아 먼저 직장을 떠나게 된 직원은 그 이후에도 유 상사와 인간적 유대를 이어가는 것에 거리낌이 없다. 유 상사는 퇴직한 직원을 인생 선배로서 예우하며 우정을 이어간다.

멍 상사는 조직에서의 직급이 영원할 것이라고 믿는다.

나이, 인격과 관계없이 자신보다 직급이 낮은 직원에게는 반말이 기본이다. 연장자인 하급자는 모욕감을 느끼면서도 묵묵히 근무한다. 하급자가 정년퇴직한 후에 멍 상사와의 관계는 단절된다. 멍 상사는 자신과 근무했던 모든 직원과 단절된다.

승진요건
무엇이 결정하는가?

멍 상사는 주변에 누가 자기에게 도움이 될 수 있을까를 늘 살핀다.

힘이 있고 역량이 있는 사람에게 붙어야 자신도 승진할 수 있다고 믿기 때문이다. 승진은 실력이 아니라 줄이 있어야 함을 믿어 의심치 않는다. 자기 주변 사람들이 승진하게 된 것도 줄을 잘 잡았기 때문으로 믿는다. 오로지 줄을 찾기 위해 두 눈을 부릅뜬다. 업무는 대충대충 하고 힘이 있는 사람에게 아부하기 위해 매일 사람을 만나고 정보를 수집한다. 그러나 멍 상사는 승진에 계속 실패한다. 업무 역량이 모자라기 때문이다. 직원들은 빨리 멍 상사가 떠나기만을 바란다.

유 상사는 자신의 승진을 위해 누구에게 부탁하는 일이 없다.

뛰어난 역량과 리더십을 갖춘 유 상사는 조직 내에서 승진 후보로 이미 모두 알고 있기 때문이다. 유 상사는 담담하게 자신의 업무에 전념한다. 유 상사는 승진한다.

👤 L과장

   L과장은 행정고시 기수가 자신보다 아래인 국장 밑에서 근무한다. 더 노력해서 업무 성과를 내기보다는 국장에게 아부하는 데에 모든 노력을 쏟는다. 유능한 상사인 국장은 그런 L과장을 한눈에 알아본다. 다른데 신경 쓰지 말고 업무 능력을 더욱 키우라고 지시한다. 그러나 L과장은 계속해서 국장에게 잘 보이려고만 한다. 직원은 무능하면서 승진만 신경 쓰는 L과장을 한심하게 여긴다. 결국 L과장은 유능한 국장에 의해 한직으로 좌천된다. 직원들은 기뻐한다. 무능한 상사가 사라지게 되어서….

10
잣대의 방향
자신과 직원 중에서 누구에게 더 관대한가?

멍 상사는 하는 일마다 실수투성이다. 상부로부터 늘 지적받는다.

"당신은 늘 왜 이 모양인가?"라는 소리를 수도 없이 듣는다. 멍 상사는 자신의 잘못이 자기가 무능해서가 아니라 부하직원들이 제대로 보좌하지 않았기 때문에 발생했다고 믿는다. 자신은 최선을 다했는데 직원 때문에 일을 망쳤다고 여긴다. 상부로부터 질책을 받고 오면 그날은 부서 분위기가 초상집으로 변한다. 모든 직원을 불러 자기가 상부로부터 당한 것에 대해 분풀이를 해댄다. 직원은 졸지에 멍 상사가 실수한 것에 대한 책임을 지게된다.

유 상사는 자신에게 엄격하고 구성원에게는 관대하다.

자신의 실수로 상부에서 지적을 받게 되어 직원의 위로를 받게 되면 직원에게 면목이 없다고 말한다. 직원들이 최선을 다했는데 자신으로 인해 일을 그르치게 되어 미안하다고 얘기한다. 직원은 유 상사의 능력과 인품을 잘 알고 있기에 더욱 유 상사를 격려하고 성원한다. 조직은 단합되고 위기는 발전의 계기가 된다.

⑪ 권위적인 상사 VS 권위 있는 상사

유 상사는 소탈하고 격의가 없다.

직위와 계급에서 풍겨오는 권위적인 느낌은 없고 인간적이고 따듯한 분위기로 가득하다. 직원에 대한 격려와 칭찬은 유 상사의 트레이드마크다. "잘 했어, 수고 많았어, 고생했어요"라는 단어와 문장은 하루에도 수십 번씩 유 상사가 하는 말이다. 직원은 고달픈 업무 속에서도 상사의 격려와 믿음에 힘입어 더욱 최선을 다하게 된다. 유 상사가 조직을 떠난 후 직원은 상사의 자리가 유난히 크다는 사실을 깨닫게 된다. 직원에게 유 상사는 항시 그들의 응원자, 성원자 그리고 큰 나무 같은 버팀목으로 기억된다.

멍 상사에게는 격려라는 단어가 없다.

직원이 최선을 다해도 감사와 격려의 표시는 없다. 직원이 일을 대충대충 처리하는 것은 아닌가 하며 늘 의심하고 질책한다. 직원은 멍 상사에게 칭찬과 격려의 말은 기대조차 하지 않는다. 그저 이번 일이 무사히 까다로운 멍 상사를 통과할 수 있기를 바랄 뿐이다. 직원 위에 군림하던 권위적인 멍 상사는 무사히 임기를 마치고 조직을 떠났다. 수없이 멍 상사에게 무시당하고 질책 받은 경험뿐인 직원으로서는 멍 상사와의 근무 경험은 그저 지우고 싶은 과거일 뿐이다.

 Y장관

한국 최고 학벌에 최고 배경을 지닌 Y장관은 스스로에 대한 자부심이 넘친다. 직원을 대하는 자세에도 권위적인 태도로 가득하다. 평범한 학벌과 평범한 경력을 지닌 대부분의 직원은 그런 장관 앞에서 한없이 작아진다. 경제부처 출신 P과장은 매사 일 처리가 꼼꼼하고 성실하기로 유명하다. 그러나 Y장관 앞에만 서면 주눅이 들어 제대로 말도 하지 못한다. 극도로 심리적 위축이 발생하였기 때문이다. 결국 P과장은 자신감 결핍 증상이 악화되어 대부분 통과하는 국장급 승진 역량평가에서 탈락한다. 또 다른 P 팀장은 장관이 참석하는 지방 행사에서 영접을 나오기로 한 지역 시장이 장관을 5분 기다리게 했다는 이유로 과장 승진에서 탈락한다. 사실은 장관이 예정보다 5분 일찍 도착해서 발생한 일이었다.

⑫
인격무시

부하직원에게 막말을 하지 않는가?

유 상사는 추진력이 강하고 일 처리 능력이 탁월하다.

상사가 유능하고 일을 잘하는 만큼 직원도 항시 긴장한다. 직원이 아무리 머리를 짜내고 좋은 아이디어를 가져가도 다방면에 정통하고 많은 정보를 가지고 있는 유 상사에게는 미치지 못한다. 상사에 비해 역량이 부족함을 깨닫고 있는 직원은 상사를 만날 때마다 늘 미안하고 죄송한 마음을 가진다. 그러나 유 상사는 호쾌하게 직원을 격려한다. "조직에서 내게 큰 방을 주고 비서까지 지원하는 것은 상사가 한 가지라도 더 직원보다 아는 게 있어야 하기 때문"이라며 파안대소한다. 직원은 미안한 마음과 함께 자신의 상사에 대해 더욱 존경심을 갖게 된다.

멍 상사는 직원이 마음에 안 든다.

직원 대부분이 근무 기간이 길어서 자기와 월급은 별로 차이도 안 나는데, 일하는 것은 너무 시원찮고 한심하다고 여긴다. 자기는 늘 열심히 최고 수준으로 일하고 있는 반면에 직원은 게으르고, 노력하지 않는다고 생각한다. 지시를 해도 직원이 만들어오는 보고서 수준은 늘 자신의 기대에 한참 못 미친다. 평소에도 직원을 싸늘하게 대하는 멍 상사는 직원이 보고할 때에 굳은 얼굴로 무시하는 듯한 말을 시도 때도 없이 내뱉는다. 직원은 멍 상사 앞에서 주눅이 든다. 어떤 직원은 사표를 낼까 고민도 한다. 그러나 멍 상사는 아랑곳하지 않는다. 직원이 한심하다는 말만 계속 되뇐다.

K국장

사무관 시절부터 윗사람들의 총애를 받으며 승승장구해 왔다. 그러나 소년급제(최연소 고시 합격)해서인지 다른 사람이나 특히 직원을 배려하는 자세는 매우 부족하다. 자신이 최고 똑똑하다는 자부심을 지니고 있으나, 직원으로부터의 평가는 최악에 가깝다.

직원의 보고가 마음에 들지 않으면 독설을 내뱉는다. 보고 중에 직원의 말을 끊고 직원의 인격까지 무시하는 막말을 서슴지 않는다. "당신 병신이야, 바보야"라는 말이 수시로 나온다. 직원은 심한 모욕감으로 K국장에 대한 증오를 키워간다. 그 직원은 자신이 당한 이야기를 지인들에게 전하고 K국장에 대한 분노가 조직 전반으로 확산된다. K국장을 염려하는 직원이 조직 분위기를 전하자 K국장은 바보 같은 직원의 반응이라며 일축하고 변함없이 행동한다. K국장은 최악의 국장으로 기억된다.

⑬ 행동과 말의 불일치
실제모습과 꾸민 모습의 차이는 얼마인가?

멍 상사에게 중요한 것은 조직이나 직원의 발전이 아니다.

오로지 자신의 출세와 성공에만 관심이 집중되어있다. 그러나 항시 조직을 위해 매진하는 것처럼 연기한다. 뛰어난 연기력으로 자신을 포장한다. 멋있고 유능하며 직원에게 최고 인기 있는 상사처럼 보이게 한다.* 그러나 이런 모습은 실제가 아닌 연기일 뿐이다. 멍 상사는 직원을 구분한다. 자신이 만만하게 다룰 수 있는 자와 그렇지 않은 자로 구분한다. 일단 만만하게 보이면 사정없이 짓밟고 엄청나게 부려 먹는다. 내일 해외 파견을 가는 직원이라도 오늘까지 업무 지시를 한다. 직원을 무시하기 때문이다. 그러나 만만하지 않고 뭔가 저항할 듯한 자는 그냥 피한다.

객관적으로 성과와 능력이 별로인 직원이라도 자신의 마음에

· · · · · · · · · · · · · ·

* 소통을 빙자한 쇼 소통쇼이다. 소통이 안 되고 소통쇼만 하는 이유는 상사가 자신의 능력을 자만해서 부하의 능력을 항시 무시하거나 자신에게 아부와 아첨하는 사람들만 가까이 두는 폐쇄적인 조직운영 때문이다. 권오현, 2020, 『초격차: 리더의 질문』, 쌤앤파커스.

들면 무조건 OK다. 유능한 직원이라도 자기에게 바른말 하거나 마음에 들지 않으면 가차 없다. 멍 상사의 탁월함은 특히 언론 홍보에 있다. 남다른 언론 감각으로 부하직원을 배려하고 늘 개방적이고 신선한 생각을 지닌 뛰어난 사람으로 언론에 보도 된다. 멍 상사에게 모든 판단 기준은 사람이든 조직이든 자신 에게 이득이 되느냐이다. 직원은 그런 멍 상사가 그저 놀라울 뿐이다. 연기를 했으면 더 대성했을 거란 말들을 한다.

유 상사는 대외적 이미지에 신경 쓰지 않는다.

자신을 홍보하기보다는 고생한 직원을 먼저 신경 쓴다. 조직과 직원이 빛나도록 자신은 조연이라고 늘 겸손하게 스스로를 낮춘다. 직원으로부터 존경은 받지만 그런 유 상사가 언론에 스포트라이트를 받을 기회는 없다. 묵묵히 자기의 일만 하기 때문이다. 때로는 승진에서도 멍 상사에게 밀린다. 사심으로 가득한 멍 상사를 유 상사는 당할 수가 없기 때문이다. 유 상사는 뒤로 밀리고 멍 상사가 조직의 상층부를 차지하며 조직은 결국 후퇴하게 된다. 직원도 사기가 저하된다. 정직하고 성실한 사람이 밀리는 모습을 보며 많은 직원들도 허탈해한다.

P장관

　정권을 막론하고 어려움을 딛고 탁월한 능력으로 성공한 공직자로 회자된다. 모든 언론이 다퉈가며 보도한다. 그러나 같이 근무한 직원의 평가는 다르다. "직원은 자신의 출세를 위한 도구에 불과하며 늘 가면을 쓰고 사람을 대한다. 윗사람에게 좋은 평가를 받기 위해 수단 방법을 가리지 않는다. 외부에는 인품과 매너가 훌륭하게 보이지만, 내부 구성원은 가혹하게 부린다. 한 마디로 연기력이 뛰어난 이중적인 사람이다."

　P장관은 토요일 일요일에도 직원을 출근시킨다. 후임 장관이 토요일은 쉬게 하고 일요일만 출근하게 했음에도 언론은 후임 장관이 직원들을 전임 P장관 보다 가혹하게 일을 시킨다고 보도한다.

II

말이
통하지 않는
상사

공감능력

직장에서 가장 중요한 것은 무엇일까?
상하 간 동료 간 커뮤니케이션이 아닐까?
같은 한국말을 하고 있지만
서로 말을 알아듣지 못하는 경우가 발생한다.
특히 상하 간에 소통이 안 된다면
조직은 성과를 내기 어렵다.

유 상사 to do list 해야 할 일 목록

1 신입직원의 생각을 경청한다.

2 윗사람보다 직원에게 더 비중을 둔다.

3 회의할 때 많이 듣는다.

4 직원의 자율성을 최대한 존중한다.

5 직원은 통제 대상이 아니라 영감·아이디어를 주는 존재이다.

6 사무실은 격려·환담·웃음이 가득하다.

7 점심은 외부에서 주로 한다.

8 유머는 상사의 기본 자질이다.

9 퇴근이 빠르다.

10 팀워크를 중시한다.

11 의욕을 내세우기 보다는 내부의견을 먼저 듣는다.

12 넓고 깊은 인간관계(네트워크)를 형성한다.

13 성과를 내게 되면 저절로 홍보가 된다.

신입사원

신입사원의 가치를 알고 있는가?

유 상사에게 신입사원은 새로운 세계로 연결하는 다리와도 같다.

타성에 젖어 있는 직원에게 변화를 줄 수 있는 소중한 존재라고 여긴다. 신입사원의 생각을 경청하고, 참신함과 다름을 최대한 존중한다. 그로 인해 조직은 새로운 사람·새로운 아이디어를 얻고, 이는 새로운 도전으로 이어진다. 또한, 조직은 새로운 활력을 얻게 된다. 유 상사에게 신입사원은 아직 빛을 발하지 않는 보석의 원석과 같은 존재이다.

멍 상사에게 신입사원은 통제하고 감독해야 할 대상일 뿐이다.

그렇기에 신입사원의 새로움과 다른 점은 무시된다. 심지어 신입사원의 새롭고 진지한 생각은 현실을 모르기 때문에 하는 말이라고 무시한다. 그렇기에 조직은 점점 더 경직된다. 게다가 멍 상사는 20대 신입사원에게 50대의 사고를 강요한다. 그 때문에 조직 구성원들의 연령이나 특성과 관계없이 모두 낡은 생각과 과거의 관행에만 젖게 된다. 새로운 발상, 도전은 찾아보기 어렵다. 늘 같은 일만 똑같은 방식으로 한다. 다만 담당자의

이름이 달라질 뿐이다. 20대 직원은 50대의 사고방식에 젖게
된다.

 B공공기관 K대리

  K대리는 신입사원에게 유달리 관심을 보인다. 자기 직속이
아닌 직원에게까지 과도한 업무 간섭과 친절을 보인다. 자신의
일도 아닌데 신입사원의 출장에 동행한다. 의욕 넘치고 유능한
신입사원이 제대로 일을 추진했기 때문에 대기업에서 비상
사태로 인식하고 관리 상무를 내보내기로 하였다. 과 전체 회의
에서 이 정보를 얻게 된 K대리는 아직 업무에 서툰 신입사원을
지원한다는 명목으로 출장을 자청했다. 의심쩍은 생각이 든
신입사원은 K대리를 주시한다. 잠시 자기가 자리를 비운 사이
K대리는 대기업 임원으로부터 무마 용도의 금품을 수수했음을
알게 된다. 신입이 어수룩할 줄 알고 대충 넘어가려던 K대리는
추상같은 신입사원의 추궁에 혼쭐이 나고 봉투도 되돌려준다.
K대리는 그 후 신입사원과 제대로 눈도 맞추지 못한다. 그
신입사원은 곧 그 조직을 떠나 20년 후 중앙부처 부패방지국장
으로 임명된다.

02

직원과 상사

누가 더 중요한가?

멍 상사는 언제나 윗사람에게 집중한다.

직원은 관심의 대상이 아니다. 오직 지시와 통제의 대상이며 자신의 출세를 위한 도구일 뿐이다. 그렇기에 직원보다 자신의 상사에게 전념한다. 자신의 미래는 상사에게 달려 있다고 믿는다. 요즘 젊은이들은 버릇도 없고 참을성도 없다고 불평한다. 자신이 신입사원이었을 때는 그렇지 않았다고 힘주어 말한다. 직원이 업무발전을 위한 의견을 제시하면 한마디로 무시해 버린다. 쓸데없는 데 신경 쓰지 말라고 면박을 준다. 멍 상사는 자신의 상사에게 부하직원의 험담을 늘어놓는다. 게다가 멍 상사는 직원이 이루어 놓은 성과를 탐한다. 자신의 업적으로 바꿔 치기하는데 능하다. 그로 인해 직원들은 절망한다.

유 상사는 윗사람보다 직원에게 관심의 비중을 더 둔다.

직원들이 조직의 미래라고 생각하기 때문이다. 자신의 존재 이유도 유능한 조직 구성원을 만들기 위함이라고 믿는다.

그렇기에 생각과 행동의 차이를 이해한다. 자신과 다른 생각을 모두 틀렸다고 생각하지 않는다. 성장 과정과 배경 지식의 차이에서 오는 다양성의 산물이라고 생각한다. 자신의 틀에 직원들을 묶어 놓지 않는다. 직원이 이루어낸 성과를 중시하고 자신의 과거를 장황하게 늘어놓지 않는다. 자신의 윗사람에게 직원의 발전 가능성에 대해 늘 자랑한다.

👤 대통령실 D비서관

진척되지 않던 대통령 직속 위원회 설립이 역량 있는 새 직원이 오자마자 신속하게 추진되기 시작한다. 추진력, 능력을 겸비한 새 직원은 능숙한 조각가가 재료를 다듬어 작품을 만들어 내듯이 조직을 구성해 낸다.

D비서관은 자신의 지휘 하에서는 전혀 진전이 없던 일이 신속하고 완벽하게 이루어지자 새 직원의 능력에 놀라움과 함께 시기, 질투를 느낀다. 위원회는 역량 있는 직원의 지휘 하에 금세 자리를 잡아간다. D비서관은 자칫하면 대통령이 그 직원의 능력을 인정하게 될까 조바심을 낸다. 그래서 D비서관은 자신의 윗사람에게도 능력 있는 직원에 대해 험담을 하고, 역량 있는 직원에게 그 일에서 손 떼라고 명령한다.

게다가 일을 진척시키는 대신에 수십 가지 요구와 질책만을 쏟아낸다. 그래서 그 위원회는 앞으로 나아가지도 못하고 성과 역시 내지 못한다. 조직에 있던 우수한 직원은 하나둘 그 조직을 떠난다.

결국, 위원회의 존재감은 사라지고 정부가 바뀌자마자 폐지되었다. 이는 역량 없는 D비서관이 그 위원회를 유명무실하게 운영했기 때문이다.

회의 모습

상사 혼자 말하나 직원도 말하는가.

유 상사는 직원이 말할 때 눈이 빛난다.

직원의 의견에 귀를 쫑긋한다. 그들이 캐치한 디테일에 놀란다. 유 상사는 자신이 생각하지 못한 문제점을 발견하고 대안을 제시한 것에 감사해한다. 유능한 상사는 직원의 말과 제안들을 받아쓰기에 바쁘다. 조심스레 이야기하던 직원은 상사의 반응에 용기를 낸다. 눈치 보던 분위기는 사라지고 회의실은 장터같이 시끌벅적해진다. 손을 드는 사람이 많아져 자기들끼리 순번을 정해 발표자를 정한다. 그로 인해 조직은 살아 움직인다.

멍 상사도 눈빛에 광채가 난다.

혈압이 상승해 두 눈은 점차 붉은 빛으로 충혈되고 목소리는 부르르 떨린다. 혼자서 이야기를 다 하게 될 때 생기는 현상이다. 2시간의 회의 동안 화장실 가는 시간을 제외하고는 대부분 혼자서 이야기한다. 직원은 받아쓰기에 바쁘다. 사실은 받아쓰는 척한다. 한 번에 10~20개씩 쏟아지는 지시사항은 일주일이면 40~50개가 된다. 그러나 거의 같은 내용이 반복될 뿐이다. 회의실은 엄숙하다. 그 상사 이외에는 아무도 말하지 않기 때문이다. 멍 상사가 있는 조직은 움직임이 없다. 발전도 없다.

 대통령실 D비서관

D비서관실 직원은 오전 내내 회의를 한다. 점심시간이 끝나자마자 어김없이 또 회의가 소집된다. 그러나 진짜 오후 회의는 퇴근 시간 한두 시간 전에 열린다. 회의는 퇴근 시간을 한참 지나서도 계속된다. 놀라운 사실은 회의 내내 D비서관 혼자만 말한다는 것이다. 아무도 그의 말에 귀 기울이지 않는다. 매일 똑같은 내용이 반복되기 때문이다.

리더십 TIP

역발상

일사불란하게 앞만 보고 가는 시대가 아니다. 자식, 마누라 빼고 다 바꾸어야 한다는 위기의식을 고취해봤자 직원은 움직이지 않는다. 하면 된다고 조일수록 오히려 안 되는 시대이다. 수많은 경영이론으로 무장하고 그 이론으로 직원에게 하나부터 열까지 설교해야 하는 시대가 아님을 알아야 한다. 자신의 전문지식을 직원에게 끊임없이 설파한다고 해서 기업이 혁신되는 것이 아니다. 가장 혁신적인 아이디어는 비즈니스 스쿨을 한 번도 못 가본 사람에게서 나온다.

업무 성과

어떻게 성과를 끌어올릴 것인가.

유 상사는 직원이 업무 성과를 낼 수 있도록 모든 노력과 지원을 아끼지 않는다.

어떻게 하면 직원이 역량을 최고로 발휘할 수 있을까를 고민한다. 일하는 장소, 시간, 방식을 직원이 스스로 정할 수 있도록 분위기를 조성한다. 카페, 사무실, 자택… 어디서 근무하는지는 중요하지 않다. 성과가 중요하기 때문이다. 재택근무는 직원의 상황, 근무 선호도에 따라 자유롭게 이루어진다. 아무런 제약도 통제도 없다. 직원을 신뢰하기 때문이다. 스마트워크, 재택근무를 위한 번거로운 사전승인(사실상 하지 말라는)과 결과 보고는 없앤다. 이메일 한 통, 카톡 한 줄이면 된다.

'오늘 또는 오늘과 내일 스마트워크 또는 재택근무 예정. 끝'

이런 지침 덕에 직원은 자유롭게 일하고 성과는 증가한다.

멍 상사도 직원의 업무 성과를 고민한다.

하지만 직원을 최대한 통제, 감시, 감독하려고 한다. 통제, 감시가 성과를 위한 선결 조건이라고 믿기 때문이다. 사무실은 모든 직원을 통제하기 위한 최적의 장소이다. 전 직원이 월화수목금 내내 사무실에서 근무하도록 지침을 내린다. 그래서 어떤 상황에도 직원은 사무실로 출근해야 한다. 스마트워크는 까다로운 사전승인 절차 때문에, 재택근무는 사실상 '가택연금'이기 때문에 아무도 하지 않는다.

 O차관

　해외 근무 마치고 대기 발령 중인 I국장. 무보직 대기 발령 중인데도 명 상사로 악명 높은 O차관이 사무실로 출근하라고 해서 왕복 6시간 걸려 서울 – 세종시 출퇴근을 하고 있다. 보직도 없이 출퇴근하려니 힘들어 목, 금 이틀은 서울에서 스마트워크를 신청했다. 그런데 매일 업무 일지를 제출하라고 차관이 지시했다고 총무과장이 전한다. I국장은 업무 일지를 작성한다. 늘 동일한 내용이다. 4글자, "자료검토"

05
직원을 바라보는 시선
점검 대상인가 지원 대상인가.

멍 상사에게 세상은 점검할 것과 점검받는 것으로 구분된다.

멍 상사에게 직원은 점검 대상이다. 일일점검 · 주간점검 · 월간점검….

점검이 잘되어야 직원이 행복할 것이라고 믿는다. 그래서 더욱점검을 철저히 · 격하게 할 것을 다짐한다. 그렇기에 내부점검은 물론 권력기관으로부터의 외부점검에도 매우 긍정적 · 적극적이다.

점검 대상 수상을 꿈꾼다.

한 치의 빈틈이 있어도 안 된다. 규정은 하느님과 동격이고 규정에 어긋나는 것은 불가능하다. 오직 점검만이 규정 준수 여부를 확인할 수 있다.

유 상사에게 직원은 영감 · 아이디어를 주는 원천이고 지원과 격려의 대상이다.

직원이 행복해야 고객이 행복할 수 있다고 믿기 때문이다.

경직되고 답답한 수많은 규제와 감시 · 통제로부터 직원을 숨 쉬게 하려고 애쓴다. 직원은 점검 대상이 아니라 무한한 잠재력을 지닌 가능성임을 믿는다. 현실은 결코 규정으로만 한정될 수 없음을 믿는다.

직원의 창의적, 실험적 도전, 아이디어를 존중하고 규정에 얽매이지 말도록 격려한다. 규정은 가능한 한 준수해야 하지만 때로는 그것을 넘어설 수도 있다고 여긴다. 규정은 기본적으로 과거의 상황에 대한 것이므로 현재와 미래를 모두 반영하기는 어렵기 때문이다. 유연한 사고와 폭넓은 공감대 형성을 통해 직원과 소통한다.

 모 중앙부처 C차장

수첩에는 오직 점검 리스트로만 가득하다. 매주 2~3차례 점검 회의를 주재한다. 점심시간 준수를 점검하기 위해 식당 앞에 서 있기도 한다. 점검 이외에 그가 하는 일은 사실상 없다.

06

테이블의 용도
오직 회의만을 위한 것인가?

멍 상사는 길고 무거운 회의용 테이블을 선호한다.

하루 종일 그 테이블에 앉아 있다. 직원은 끊임없이 그 테이블로 불려오고 보고를 한다. 회의도 매일 열린다. 테이블 위로 수많은 지시와 점검 그리고 질책이 이어진다.

멍 상사의 테이블 위에는 엄청난 서류들이 끝없이 쌓여간다. 쌓여가는 서류를 보며 혼자서 만족해한다. 테이블은 물론 벽장 등 사방이 서류 뭉치들로 가득하다. 비서는 창고처럼 변해가는 방을 보며 한숨짓는다.

유 상사에게도 테이블이 있다.

그런데 길고 무거운 직사각형 회의 테이블이 아니라 환담용 둥근 라운드 테이블이다. 길고 무거운 회의 테이블은 사무실에 없다. 회의를 하지 않기 때문이다. 무거운 회의 대신 대화가 끊이지 않는다. 유능한 상사의 테이블은 지시, 질책, 점검의 장소가 아니라, 생각과 경험의 공유, 격려와 웃음의 자리가 된다. 그 테이블 위에는 꽃, 작은 나무, 예쁜 그림들이 놓여있다. 서류 뭉치들은 거의 없다.

점심 식사
직원과 얼마나 자주 점심을 먹는가?

유 상사는 주로 외부 손님들과 점심을 한다.

회사 구내식당이나 직원과 점심을 먹는 경우는 많지 않다. 구내식당에 가면 직원이 밥 먹다가 인사하는 것이 미안해서 거의 안 간다. 점심시간까지 직원으로부터 상사 대접을 받고 싶지 않기 때문이다.

외부인사와 점심을 하는 더 중요한 이유는 자기 발전을 위해서다. 창의, 상상력은 외부와의 교차점에서 생겨난다. 다른 분야의 사람들과 끊임없이 만나야 자극, 배움이 있기 때문이다. 그러나 약속이 없어도 혼자 밖으로 나간다. 직원에게 점심시간만이라도 자유를 주고 싶기 때문이다. 직원이었던 시절 매번 상사와 함께 식사하는 것이 힘들었음을 기억한다.

약속이 없을 때는 서점에서 책을 보거나 미술관에서 혼자만의 시간을 보낸다. 혼자 갖는 자유를 통해 스스로 역량과 여유를 기른다. 상사가 시간적, 정신적 여유가 있어야 조직 분위기도 부드러워지기 때문이다.

멍 상사는 아주 특별한 경우에만 외부에서 점심을 먹는다.

그는 자신의 윗사람이 부르거나 공식적인 오찬이 있는 경우에만 나간다. 거의 외부와 점심 약속이 없다. 늘 상사와 함께 점심을 먹어야 하는 직원에게는 점심시간도 근무시간의 연장일 뿐이다. 직원은 점심시간을 통한 외부 세계와의 만남이 불가능해진다. 오전에 하던 일들은 점심시간에도 그대로 이어진다. 결국, 점심시간마저도 업무 이야기로 이어진다. 직원은 점심시간 1시간의 자유도 누릴 수 없다. 직원들은 지쳐간다. 점심시간은 멍 상사 혼자만 즐거운 시간이다.

 경제부처 E과장

신경질적인 업무처리로 직원으로부터 원성이 자자하다. 당연히 대인관계가 원만치 못해 점심 약속은 거의 없다. 신경질적인 스타일은 점심시간에도 그대로 이어진다. 점심을 먹다가도 업무 관련 질문에 제대로 대답하지 못하는 직원은 바로 혼이 난다. 결국, 그 직원은 소화불량으로 인해 약국에 간다.

유머

유머의 필요성을 이해하고 있는가?

유 상사는 유머를 상사의 기본 자질이라고 여긴다.

상사의 주요 역할 중 하나는 직원을 즐겁게 해주는 것이라고 믿는다. 스스로도 타고난 유머 감각의 소유자이지만, 서점에서 유머책을 사서 공부하기도 한다. 신문이나 책에서 유쾌한 글들이 있으면 모아 놓기도 한다. 유능한 상사는 지루하고 엄숙한 회의에서도 상황에 어울리는 유머로 참석자 모두를 기분 좋게 만든다. 직원은 상사와의 만남이 기다려진다. 상사와 직원 간의 만남은 웃음꽃이 핀다. 상사와 직원은 화합하고 조직은 발전하게 된다.

멍 상사는 유머라는 단어의 뜻을 모른다.

상사는 항시 근엄하고 엄숙해야 한다고 믿는다. 직원과의 회의는 종교의식에 가깝다. 숨소리도 잘 들리지 않는다. 타부서에서 전입해 온 직원이 상황을 모르고 아이스 브레이킹을 시도한다. 직원들은 웃음을 참느라 노력한다. 멍 상사의 반응을 잘 알고 있기 때문이다. 멍 상사는 그 직원으로 인해 얼굴이 일그러진다. 신성해야 할 회의를 웃음판으로 만들었기 때문이다. 직원은 웃음을 멈춘다. 회의는 더 엄숙해진다. 조직은 대화가 없다. 조직은 퇴보한다.

뉴욕 UN본부 벨기에 출신 P국장

직원과 나누는 대화 대부분이 유머를 바탕으로 한다.

P국장은 아프리카 라이베리아에서 온 직원에게 "You are the best Liberian that I have ever met. But you are the only one that I met."라고 말했다. "당신은 내가 만난 라이베리아 사람 중 최고다. 그러나 당신은 내가 만난 유일한 라이베리아 사람이다." 라고 말한 것이다. 이러한, 칭찬을 기반으로 한 유머는 서로 간의 관계를 증진시킬 뿐만 아니라 일 자체를 즐기도록 돕는다.

09

퇴근
퇴근을 싫어하는 상사

유 상사는 출퇴근 시간이 일정하지 않다.

외부 일정이 많으므로 9시 출근 6시 퇴근하는 경우가 별로 없다. 외부 미팅, 컨퍼런스, 출장 등 활발한 활동을 하기 때문이다. 그러나 사무실에 나와 앉아 있는 시간보다 성과를 중시한다. 업무는 집중적으로 단시간 내에 끝낸다. 근무시간 상당부분을 자기계발 및 역량을 높이는 데에 사용한다. 개인의 능력이 조직발전의 척도임을 알기 때문이다. 유능한 상사는 항상여유가 넘친다. 그런 상사와 함께하는 직원도 여유가 생긴다.

멍 상사는 퇴근이라는 단어가 낯설다.

자신이 있어야 할 곳은 사무실이라고 생각하기 때문이다. 그래서 최대한 늦게까지 사무실에서 버틴다. 일이 있거나 없거나 항상 사무실에 늦게까지 남는다. 정확히 말하면 출근은 정시보다 1~2시간 빠르고 퇴근 시간은 거의 지켜지지 않는다. 늘 더 늦게 퇴근하기 때문이다. 멍 상사는 직원보다 1시간 일찍 출근한다.

직원은 출근해 책상에 앉기도 전에 상사의 호출을 받는다. 정시에 퇴근하는 경우가 없다. 빨라야 퇴근 시간 2~3시간 이후이다. 멍 상사는 퇴근이 아쉽다. 자신이 사무실에 계속 있어야 안심이 되기 때문이다. 퇴근 시간이 없었으면 하고 혼자 생각하기도 한다.

직원도 정시 퇴근이 불가능해진다. 멍 상사가 퇴근한 이후가 그들의 퇴근 시간이기 때문이다. 그 때문에 늘 야근에 시달린다. 퇴근 시까지 상사는 끝없는 지시, 점검, 회의를 계속한다.

직원은 하루하루가 너무 힘들다.

 L과장

함께 근무하기 힘든 여러 유형의 상사가 있지만 가장 힘든 상사는 역시 집에 가지 않는 상사다. 구성원들의 개인 생활이 불가능하기 때문이다. L과장은 토요일은 물론이고 일요일에도 출근한다. 오전 11시 정도가 되면 사무관의 집으로 전화를 한다. "김 사무관 뭐 하고 있는가?" 일주일 내내 야근과 집에 안 가는 과장으로 인해 피로에 찌든 김 사무관은 "예, 지금 곧 나가겠습니다."라고 말은 한다.

김 사무관은 이런 과장을 만난 것도 자신의 운명이라 생각하고 체념한다. 그리고 결심한다. 내가 후일 과장이 되면 제일 먼저 퇴근하고 주말은 절대 사무실에 안 나올 것이라고! 김 사무관은 자신의 좌우명을 공직생활 끝까지 지켰다. L과장을 자신의 반면 교사로 삼았던 것이다.

 H국장

거친 언행으로 직원의 기피 대상 1호인 H국장.

보고를 받다가 보고가 마음에 들지 않으면 보고서를 던진다. 결재판을 벽으로 집어 던지기도 한다. 사방으로 흩어진 보고서를 줍는 직원은 속으로 이를 갈아댄다. H국장은 직원의 반응은 아랑곳하지 않는다. 멍 상사들의 특징은 직원의 생각과 반응을 무시한다는 점이다. H국장은 일이 없어도 저녁에 퇴근하지 않는다. 자기 지휘 하에 있는 4개 과를 교대로 방문하며 직원과 저녁 먹는 것을 즐긴다. 물론 직원은 퇴근 시간까지 그런 국장과 함께해야 한다는 사실이 악몽일 뿐이다. 밥값도 당연히 H국장이 내지 않는다. 한 번 두 번 저녁에 시달리던 직원은 하나둘 핑계를 대며 저녁 자리에 함께하지 않는다. "오늘 저녁 아버지 제사, 어머니 제사…" 갑자기 그 국의 직원은 모두 제사에 서로 가야 한다고 주장한다. 결국, 국장 눈치를 봐야 하는 과장들만 남게 되어, 돌아가며 하던 국장 저녁은 폐지되었다. 직원은 안도의 한숨을 내쉰다.

⑩ 팀워크

조직의 화합을 중시하는가

멍 상사는 즉흥적인 지시로 직원을 힘들게 한다.

그런 지시가 조직을 혼란스럽게 하고 팀워크를 깰 수 있다는 사실을 모른다. 직원에게 해결책을 가져오라고 호통을 친다. 하지만 자신은 아무런 해결책을 제시하지 못한다. 정작 고민과 노력, 시간을 들여 해결책을 제시한 직원의 의견은 무시된다.

멍 상사는 오히려 그 직원을 의심한다. 발목잡기에도 능하다. 한 번 눈에 난 직원은 끝까지 괴롭힌다. 직원 간에 갈등을 조장하고 팀워크를 깨는데도 능하다. 조직은 친 멍, 반 멍으로 분열한다.

유 상사는 팀워크를 중요시한다.

조직을 분열시키는 지시나 행동을 하지 않는다. 각자의 장점을 최대한 존중하고 각자가 나름대로 조직에 기여할 수 있도록 배려한다. 마음에 들지 않는 직원이 있어도 20 : 80의 원칙(어느 조직이나 20% 잘하는 사람과 평범한 80%로 구성)을 마음에 새긴다.

팀워크는 유지되고 역량 차이와 관계없이 구성원들은 소속 감을 가지고 업무에 전념하게 된다.

 I국장

"찍히면 죽는다"로 직원 사이에 악명이 높다. 자신의 지시에 반대의견을 내거나 순종하지 않는 직원은 반드시 응징한다는 것이 지휘방침이다. 직원은 I국장 앞에서는 모두 말을 하지 않는다. 시키는 일만 할 뿐이다. 누가 국장에게 찍혔고 또 다른 누구도 찍혔다는 소문이 복도 통신을 따라 빠르게 확산된다. 누구는 국장의 최측근이 되었다고도 한다. 조직은 암투의 장으로 변하고 팀워크는 사라진다.

신임 기관장

의욕만으로 조직을 이끌 수는 없다.

신설 조직 대표에 멍 상사가 임명되었다.

멍 상사는 사명감에 불탄다. 스스로 각오를 다지며 자신의 능력을 보여줄 때가 되었다고 여기며 뜨거운 결의를 다지고 또 다진다. 조직의 현재 상황을 설명하는 구성원의 이야기는 한낱 귓등으로 흘린다. 근본부터 뜯어고쳐야겠다는 멍 상사에게 직원의 진지한 설명은 시간 낭비에 불과하다.

신중한 접근은 소극적인 업무 자세라고 비난받고, 비현실적인 목표 설정에 대한 조심스러운 반대의견 제시는 구태의연한 생각으로 비난받는다. 직원은 모두 입을 닫는다.

늘 조직 외부에서 평가와 지적만을 일삼던 멍 상사에게 조직 내부의 여러 상황과 여건을 이해할 수 있는 안목이 있을 리가 없다. 조직이 당면한 여러 어려움을 해결해주거나 한 단계 더 발전시켜줄 것을 기대하던 직원의 바람은 무참히 사라진다. 그동안 조직이 나름대로 노력해온 모든 것들은 한순간에 부정되고 직원은 허탈감에 빠진다.

시간이 갈수록 멍 상사의 독촉과 압박은 더욱 거세진다. 직원은 업무 의욕을 상실하고 모두 망연자실한다. 조직을 떠나

거나 흉내만 내거나 선택의 기로에 놓인다. 조직은 멍 상사가
오기 전보다 더욱 퇴보한다.

유 상사가 신설 조직 대표로 임명되었다.

유 상사는 신설 조직의 한계와 애로를 잘 알고 있다. 신설
조직은 예산과 직원 수는 물론 권한과 기능에서도 기존의 오래된
조직에 비해 크게 취약함을 알고 있다. 새로운 대표가 의욕만
앞세운다면 성과는 나지 않고 내부 직원만 더욱 힘들어진다는
것을 오랜 조직 생활 경험으로 잘 알고 있기 때문이다.

유 상사는 우선 직원의 바람과 숙원 사항부터 듣기 시작한다.
자신의 의욕과 하고 싶은 말은 뒤로하고 우선 직원의 생각과
조직의 상황을 경청한다.

현재 조직이 당면한 문제점과 조직 구성원들의 바람을 파악한
후 유 상사는 자신의 모든 역량을 쏟아 직원의 숙원부터 해결해
나간다. 직원들은 유 상사의 리더십에 감동하여 적극적으로
협조한다. 조직은 성과를 내기 시작한다. 조직이 정상 궤도에
진입한 것이라고 판단되면 유 상사는 자신이 생각하던 강력한
업무 드라이브를 시도한다.

이미 유 상사를 신뢰하게 된 직원은 비록 일이 힘들어도
자신의 상사를 믿고 함께 노력한다.

조직은 더욱더 큰 발전을 이룬다.

S공공기관 L감사

규모가 꽤 큰 공공기관 감사에 임명된 L감사. 대표적인 낙하산 인사이다. 감사 업무에 대해 평소 전혀 생각해 본 적도 없지만, 권력자의 측근이라는 이유로 임명되었다. 감사관실 주최로 "공공기관 청렴도 제고를 위한 집중 워크샵"이 한참 진행 중이었다. 워크샵 내내 졸던 L감사에게 마무리 말씀을 사회자가 부탁했다. 어젯밤에 술자리가 아직도 완전히 깨지 않은 L감사. 연습을 많이 했지만, 평소 전혀 생소한 청렴이라는 단어가 잘 나오지 않는다. "오늘 여러분들과 함께 집중 워크샵을 통해 우리 사회의 청년문제가 심각하다는 사실을 새삼 알게 되었습니다…" 사회자를 비롯한 그 기관 직원들은 순간 모두 귀를 의심했다. 감사의 입에서 청렴 대신 청년이라는 단어가 나온 것이다. 평소에도 감사라는 직책과는 동떨어진 행태를 보인 L감사를 바라보며 많은 직원은 감사라는 직위의 존재 필요성에 대해 깊은 회의와 절망감을 가지고 있었다. 감사는 말 그대로 권력자에 대한 감사(고마움)에 불과한 것인가 하며….

자기 과시

유 상사는 항시 겸손하다.

타고난 친화력과 리더십으로 자기 주변에 대단한 사람들이 셀 수도 없을 만큼 많이 있지만 직원은 자기의 상사가 어떤 사람인지 거의 알 수 없다. 유 상사가 자신에 대한 이야기는 거의 하지 않기 때문이다. 오히려 유 상사는 직원 중에 누가 유력인사를 알고 있다고 하면 그 직원을 치켜세우면서 평소 대인관계가 훌륭하기 때문이라고 격려한다. 직원은 조직에 중요한 일들을 처리하는 과정에서 유 상사가 지닌 깊고 넓은 인간관계에 감탄하면서 자신의 상사가 참으로 대단한 사람이라고 다시 생각하게 된다.

멍 상사는 자신과 친분 있는 사람들을 항시 거명한다.

멍 상사는 직원의 보고 중에도 보고와 상관없는 사람들에 대해 얘기하는 것을 좋아한다. 출세한 사람들을 많이 알고 있는 것이 자신의 능력이라고 믿는다. 직원이 예의상 "대단한 분들을 아시는군요"라고 물어주면 마치 자신이 인명사전인 것처럼 사람들에 대해 시시콜콜 알려준다. 물어보지도 않았는데도 자신이 누구를 잘 알고 있다고 얘기한다. "내가 그 사람을 잘 아는데…"라고 하며 누구와 언제 밥 먹었고 만났다는 얘기를 계속한다. 직원은 내가 왜 모르는 사람 이야기를 계속 듣고 있어야 하는가 하고 생각한다. 직원들은 멍 상사와의 만남을 가능한 한 피하려 한다. 피곤하기 때문에….

 K 1급

실무자 시절부터 자기 과시욕이 큰 편이었다. 직급이 올라갈수록 그런 경향이 더 심화되었다. 직원들 앞에서는 다른 기관의 장·차관, 심지어 경제 부총리 이름을 들먹이며 모두 자신의 후배, 친구 동문이라며 친분을 자랑한다. 특히 자신이 근무했던 과거 경제부처 시절을 언급하며 일하는 방식과 상사들이 그 시절이 최고였다고 장황하게 떠벌리기를 좋아한다. 직원은 자신들은 알지도 못하는 없어진 기관과 그 기관 사람들에 대해서 듣는 것이 피곤하고 지루할 뿐이다. 또한, 장·차관이 되지 못한 사람이 항상 다른 장·차관을 들먹이는 것도 한심하다는 생각을 한다.

⑬ 홍보 만능론자

멍 상사는 조직의 문제가 홍보가 제대로 되지 않았기 때문이라고 강조한다.

자나깨나 홍보를 강조한다. 홍보가 부족해서 외부에서 조직을 알 수가 없다고 한다. 조직에서 추진하는 내용을 언론사가 알 수 있도록 보도자료를 철저하게 만들라고 지시한다. 보도자료가 부실해서 보도가 안 된다고 직원을 나무란다.

지방에서 발생한 사안은 지방지와 지역 언론에서만 보도함에도 전국에 보도가 되도록 하라고 지시한다. 직원은 홍보 노이로제, 홍보 스트레스로 지쳐간다.

유 상사는 홍보가 중요한 것이 아니라 제대로 일을 하는 것이 중요하다고 믿는다.

해야 할 일을 제대로 해내면 홍보는 저절로 되는 것이라고 여긴다. 유 상사는 솔선수범해서 타이밍과 속도를 조절해서 적시에 대책을 만들어 낸다.

별다른 보도자료를 내지 않았음에도 많은 언론에서 집중 보도를 쏟아낸다. 홍보하라고 직원을 들들 볶지 않아도 유 상사를 가진 조직은 대외적으로 크게 알려진다. 홍보는 직원을 볶는다고 되는 게 아니라 상사의 판단과 역량으로 결과물을 만들어야 함을 유 상사는 보여준다.

III

배울 것이
없는 상사

전략적 마인드

조직에서 배울 점이 없는 상사를 만나는 것보다 더 끔찍한 일은
없다. 보고와 회의를 통해 접하는 상사의 수많은 지시와 의견…
그러나 아무것도 직원과 조직발전에 도움이 되지 않는다면….

1 보고 받는 것은 최소화한다.

2 직원이 역량을 발휘하게끔 한다.

3 혁신은 말이 아니라 실천과 행동이다.

4 직원들의 도전·모험을 장려한다.

5 과거보다 미래를 중시한다.

6 전략회의는 일을 줄이기 위해서 한다.

7 회의에서 발언은 직원들의 큰 공감을 얻는다.

8 권한의 위임을 실천한다.

상사의 실력

보고 받는 횟수가 많으면 실력이 는다?

멍 상사는 모든 보고를 받고 모든 자료를 공부한다.

그렇게 하면 자신의 실력이 향상된다고 믿는다. 보고를 위해 직원이 온종일 대기하고 있다. 그래서 늘 바쁘다고 되뇐다. 화장실 갈 시간도 없다고 말한다. 바쁘다는 것에 무한한 자부심을 가진다.

그러나 그것은 실력을 키우는 데 도움이 되지 않는다. 그저 구성원의 정보가 상사에게 이동하는 것에 불과하다. 직원의 보고를 아무리 많이 받아도 조직의 발전은 없다. 어차피 조직 내 정보의 총량은 동일하기 때문이다.

유 상사는 아주 중요한 내용만 예외적으로 보고받는다.

조직 내부 업무는 스스로 정확하게 파악하고 있기 때문이다. 보고를 위해 대기하는 직원으로 가득한 멍 상사에 비해 유 상사의 방은 외부 손님과 전문가들로 붐빈다. 자신이 모르는 지식을 습득함으로써 자신의 실력이 향상된다고 믿기 때문이다. 항상 겸손하고 열린 태도를 유지하려 노력한다.

실력

상사의 실력은 조직 내에서 만들어지지 않는다. 오히려 다른 세계
와의 교감에서 시작된다. 같은 분야의 사람들만 만나게 되면 머리가
굳어지게 된다. 항상 외부와 접촉하는 상사는 조직 내에 없는 새로
운 지식을 쌓게 된다. 축적된 지식은 상사의 역량은 물론 그가 속
한 조직의 역량을 향상시킨다.
그것이 진정한 실력이다.

M 과장

주요 경제부처 서기관에서 신설 P위원회로 스카우트된 M과장.
   M과장은 상사는 자신만의 프로젝트가 있어야 한다고 믿는
다. 과장은 조직의 허리로서 가장 중요한 위치에 있으며 윗사
람들의 지시를 받아서 하는 일보다 스스로 추진하는 일이 더
중요하다고 믿는다. 보고받는 일은 최대한 줄이고 새로운 업
무를 기획하고 조직이 나아가야 할 새로운 분야를 집중적으
로 고민한다.
   일상적인 업무와 자잘한 일들은 직원을 믿고 맡긴다. 본인이
기획한 주요 과제들만을 집중적으로 챙긴다. 강약 조절이
M과장의 특징이다. 모든 것을 챙기는 대부분의 과장과 다른
M과장의 업무방식에 직원은 처음에는 다소 어색했지만, 곧
적응한다. 중요한 일에 집중하는 M과장 스타일은 직원의 보고에
의존하는 다른 과장들에 비해 같은 시간에 많은 성과를 발생

시킨다. 기업이라면 상을 받아야 할 M과장이지만 공무원 조직의
특성상 보상은 없고 추진력 강한 일 욕심 많은 과장 정도로
사람들에게 인식된다.

02
매니지먼트
관리할 것인가 경영할 것인가

유 상사는 매니지먼트를 경영으로 읽는다.

유능한 상사는 직원이 자율적으로 자신의 역량을 발휘할 수
있도록 리드하는 것을 경영의 핵심적인 것으로 이해한다. 두각을
보이지 못하는 직원도 아직 드러나지 않은 보물처럼 여긴다.
그래서 직원 개개인의 장점, 강점을 살려주어 조직에 기여하게
한다. 그들은 칭찬과 격려를 경영의 주요 수단으로 이용한다.
직원들을 보물로 여기고, 보물로 만든다.

멍 상사에게 매니지먼트는 관리일 뿐이다.

멍청한 상사는 철저한 감시와 통제로 직원을 관리, 감독한다.
직원은 상사의 지시를 따르기만 하면 된다고 생각한다. 직원은
미숙한 존재이기 때문에 자율성을 부여하면 리스크가 늘어난
다고 생각한다. 게다가 직원의 능력이 모두 동일하다고 생각하기
때문에 개인의 개성이나 장점을 고려하지 않는다. 통제와 감독
그리고 관리 대상인 직원의 역량은 시간이 지나도 발전하지
않는다.

직원을 창고의 재고품으로 생각한다.
재고품이 발전할 가능성은 없다.
그냥 소모품일 뿐이다.

리더십 Tip

너무나 많은 중간 관리자

열정, 창의적인 사람들은 자기가 옳다고 생각하는 일을 실행하기
위해 5단계의 관리자들을 설득해야 하는 상황에 놓인다. 조직이
늘어나면서 중요하지 않은 일을 너무 많이 하고 있다.
관리는 창의와 열정을 죽인다.

 ### N부 S과장과 L과장

S과장은 직급은 과장이지만, 통이 크고 선이 굵기로 유명하다.
결재 서류를 직원이 들고 오면 일단 사인부터 한다. 사소한
보고는 일일이 받지도 않는다. 대기업 오너 회장처럼 시원시원
하게 결정한다. 직원을 믿는 데다가 작은 일은 직원이 알아서
잘하기 때문이다. 문제가 된 적은 단 한 번도 없다.

KS 출신 경제학 박사인 L과장은 스스로도 한국 최고의 학벌을
가지고 있다는 자부심이 넘친다. 시내 출장 한 건도 좁쌀이라는
별명답게 그냥 지나치지 않는다. 30분 넘는 시간을 들여 직원
에게 하나하나 확인한다. 직원은 L과장의 결재를 피한다. 학벌이
아깝다는 말들을 하며…

진정한 혁신

혁신은 말로써 이루어지지 않는다.

멍 상사는 회의마다 혁신을 주문한다. 모든 회의 주제에는 반드시 혁신이 포함된다.

그 때문에 직원은 혁신 피로증에 시달리게 된다. 그러나 실제로는 아무것도 달라지지 않는다.

멍청한 상사가 없어지는 것이 진정한 혁신의 시작이다. 멍청한 상사만 그 사실을 모를 뿐이다.

유 상사는 혁신을 외치지 않는다. 행동과 실천으로 이끈다.

혁신은 지시와 통제로 이루어지지 않기 때문이다. 오히려 자신과 직원의 역량을 기르는 데에 집중한다.

진정한 혁신은 역량과 실력이 있는 사람이 조직의 상사가 될 때 비로소 시작된다.

성공 전략의 본질

하버드 경영대학원 마이클 포터 교수는 "성공 전략의 본질은 무엇을 더 할 것인가가 아니라 무엇을 하지 않을 것인가를 선택하는 데에 있다"고 밝힌 바가 있다.

어느 국제기구 의학 연구보고서에 따르면 55시간 일하는 사람은 35시간 일하는 사람보다 뇌졸중에 걸릴 확률이 33% 높고 심장질환에 걸릴 확률이 13% 높다. 혁신이란 같은 일을 적은 비용으로 하거나, 같은 비용으로 더 가치 있는 일을 하는 것이며, 조직을 저비용, 고효율 구조로 바꿔 나간다는 것을 의미한다.

"좋은 직장 만들기, 고객 사랑하기"와 같은 종류의 실체 없는 정신운동이나 궐기대회에 집착하는 회사들은 변화의 본질은 꿰뚫지 못하고 변죽만 울리면서 우왕좌왕 구호만 외친다. 반면에 1,000년 넘게 유지된 로마제국에서는 황제들의 책무가 추상적인 구호가 아니라 "안전, 식량"이었다. 간단하지만 반드시 실천해야 할 구체적인 목표였다.

혁신은 구호가 아니라 실력이 있어야 가능하다. 조직에 실력 있는 리더가 있을 때만 진정한 혁신이 이루어진다.

04

도전 VS 현상유지
실수, 실패에 대한 관점

멍 상사의 꿈은 사고 없는 조직을 만드는 것이며 무사히 임기를 마치는 것이다.

멍 상사들로 가득한 조직은 관리자로 넘친다. 관리의 기본은 위험·사고·갈등 최소화다. 실패하지 않는 것이 최우선이다. 성과와 능력은 중요하지 않다. 모든 것은 규정에 적합해야 한다. 위험을 감수한 도전은 감사(고마움이 아니다!)·수사의 대상일 뿐이다. 남다른 열정과 도전을 한 자는 징계를 받는다. 아무 시도도 하지 않는 자는 조직을 안정적으로 관리한 기여로 승진한다. 조직은 발전이 없다. 그러므로 역량 있는 인재는 자의로든 타의로든 조직을 떠나게 된다.

유 상사가 이끄는 조직은 도전자로 넘친다.

창의와 모험, 활기가 넘친다. 규정에 얽매이지 않는다. 실패를 두려워하지 않는 도전이 계속된다. 위계나 서열 등의 수직적 관계보다는 아이디어와 실행력, 능력이 우선시 된다. 실패는 성공을 위한 필수적인 경험일 뿐이다. 아무도 실패를 탓하지 않는다. 남다른 아이디어와 창의력이 조직발전의 가장 중요한 요소로 장려된다. 유능한 상사는 실천을 통해 변화와 혁신을 이끈다. 직원은 그런 상사와 함께 자신과 조직의 발전을 만들어간다.

05

미래 VS 과거

무엇을 중시하는가

유 상사는 미래를 중시한다.

우리의 삶은 과거가 아니라 미래에 펼쳐지기 때문이다. 과거의 교훈은 기억하되 과거로 인해 사고와 행동이 제약받지는 않는다. 과거의 관행과 업무 내용도 고려하지만, 과거에 집착하지 않는다. '20~30년 전에는 어떠했다'라는 말을 하지 않는다. 모든 것이 변한다는 사실을 믿으며, 불편했던 과거도 현재와 미래에 도움이 된다면 흔쾌히 받아들인다. 유 상사의 개방적인 모습을 보며 직원들도 실용적 자세로 유연하게 생각하고 판단한다. 조직의 외연은 넓어지고 가능성은 더 커진다. 조직은 미래를 향해 나아간다.

멍 상사는 과거를 중시한다.

모든 판단은 과거를 중심으로 이루어진다. 20~30년 전에 했던 방식을 현재에도 강요한다. 세상의 이치는 과거나 현재나 동일하다는 점만 강조한다. 변화의 가능성을 부정한다. 시야와 판단의 근거는 모두 과거에 머문다. 조직은 과거의 행동들만을 답습

하며 미래를 위한 도전, 발전은 시도조차 하지 않는다. 조직은 고립되고 시대의 변화에 뒤처지게 된다. 직원은 현재에 살고 있지만, 생각과 행동은 과거에 머물게 된다. 조직은 과거로 돌아 간다.

06

전략회의

무엇이 전략인가

전략회의에서 유 상사가 제일 먼저 하는 일은 조직 내 not-to-do-list*를 작성하는 일이다.

할 필요가 없는 일의 목록을 작성한다. 불필요하고 우선순위가 낮은 일들은 과감하게 폐기한다. 모든 것을 하려고 하다 보면 결국 아무것도 못 하게 된다는 것을 잘 알고 있다. 그래서 우선순위가 낮고, 상투적인 일들은 과감하게 없앤다.

전략은 포기라고 말한다. 덜 중요한 일을 안 하는 것이 전략이라고 한다. 반드시 해야 할 일에 집중하는 것이 전략임을 강조한다. 전략회의가 열리면 직원은 모두 좋아한다. 또 어떤 불필요한 업무들이 없어질지 기대한다.

직원은 자신들이 해야 할 일들만 집중하게 된다. 이로 인해 조직은 성과를 내게 된다.

. . . .

※ not-to-do-list : 하지 않아도 되는 일 목록

멍 상사도 전략을 강조한다.

전략은 지금보다 더 많은 것을 하는 것이라고 힘주어 말한다. 기존에 하던 일은 물론이고 더 많은 일을 추가하는 것이 올바른 전략이라고 한다. 그래서 일을 더 늘려주기 위해 고민한다. 멍 상사는 to-do-list[*]를 작성한다. 그 리스트에는 매일 새로운 과제가 추가된다. 신문을 보다가도 과제를 발견해 작업 리스트에 추가한다. 리스트가 너무 길어져 곧 책이 된다. 멍 상사의 사전에는 선택과 집중이라는 말이 없다. 오직 일하는 양이 많아야 잘하는 것이라고 믿기 때문이다.

직원은 지쳐간다. 전략회의만 열리면 모두 걱정이 가득하다. 불필요한 일들이 추가될 것임을 알기 때문이다. 직원은 전략이라는 말에 치를 떤다.

직원들 사이에는 '전략회의'라는 어울리지 않는 이름 대신에 "일 더하기 회의"로 이름을 바꾸는 것이 좋겠다는 농담이 오간다.

· · · · · · · · · · · · · · ·

* to-do-list : 해야 할 일 목록

회의목적
말해야 할 것인가 들어야 할 것인가

유 상사는 듣기 위해 회의에 참석한다.

직원의 생각, 의견, 경험 및 애로를 경청하는 것이다. 부서별로 모든 보고가 끝난 후 종합적으로 단 한 번만 발언한다. 상사가 단 한 번만 짧게 발언하기 때문에 모든 직원은 상사의 말에 집중한다. 상사의 발언은 5분을 넘지 않는다.

방향과 비전을 제시하고 직원의 노고를 치하한다. 직원들은 짧은 발언 속에서도 배울 것이 많다고 느낀다. 직원은 상사의 역량과 리더십에 큰 공감을 한다. 자신들도 상사와 같은 역량을 키워야겠다는 다짐을 한다.

직원은 다음 회의를 기대한다.

멍 상사는 회의를 상사 혼자 말하는 것으로 이해한다.

평소에도 혼자 모든 말을 다 하지만, 전체가 모이는 회의에서는 더욱 말이 많아진다. 부서별 보고 시 부서장보다 멍 상사의 지시, 훈계가 더 길다. 부서장의 보고 중에도 수시로 말을 끊고 이야기한다.

부서별 보고는 중단되고, 상사의 지시만 계속된다. 끝없이 계속되는 상사의 코멘트와 지시에 듣는 직원은 모두 지친다. 부서별 보고가 모두 끝나면 멍 상사는 마무리 발언으로 내용 없는 말들을 쏟아낸다.

1시간으로 예정된 회의는 보통 2시간이 되어야 끝난다. 1시간 30분 동안 멍 상사 혼자 발언한다. 직원은 아무것도 배울 것이 없는 회의를 회의하게 된다.

 J대통령

2시간여 진행되는 회의. 각종 보고 중간에는 한마디도 하지 않는다. 때로는 보고 중에 잠깐 졸기조차 한다. 그러나 마무리 시간에 종합적으로 몇 마디 짧게 이야기한다. 두 시간여 동안 장황하게 진행된 보고보다 마무리 발언으로 했던 촌철살인 몇 마디의 울림이 더 크다. 참석자들은 모두 놀란다.

위임하는 이유
더 중요한 일을 위해 하는 것

유 상사는 늘 중요한 일을 고민한다.

조직의 미래를 위해 고민한다. 그래서 가장 중요한 일, 과제에 모든 역량을 집중한다. 따라서 통상적인 일들은 직원들에게 맡긴다. 더 중요한 일을 하기 위해 덜 중요한 일을 맡기는 것이다. 이는 조직 구성원을 신뢰하기 때문에 가능하다.

상사가 하던 업무를 맡게 된 직원들도 업무 역량이 발전한다. 집중의 힘으로 조직은 성과를 내게 된다.

멍 상사는 모든 일을 고민한다.

중요한 일뿐만 아니라 모든 일에 대해 고민한다. 멍 상사에게는 모든 일이 똑같이 중요하다. 그래서 모든 일을 본인이 직접 다 챙겨야 한다고 생각한다.

직원을 믿지 못하기 때문에, 위임이란 단어는 멍 상사의 입 밖으로 나오지 않는다. 직원과 조직은 늘 제자리에 머물고 발전은 없다.

우선순위

잘할 수 있는 일은 직접 하고, 잘할 수 없는 일은 그 일을 잘하는 직원에게 맡기는 것이 좋다. 대신에 목표나 비전의 우선순위를 명확하게 상기시켜 더 높은 수준 성과를 달성하도록 해야 한다.

IV

실력 없는 상사

업무추진 역량

자신의 상사가 자랑스럽다면….
조직 내부에서는 물론이고
특히 조직 외부에서 직원의 자긍심이 높아진다.
그러나 그렇지 못한 경우가 너무 많다.
그런 사람이 상사라는 사실이 슬프게 느껴지기까지 한다.

유 상사 to do list 해야 할 일 목록

1 조직발전을 위해 외부와 끊임없이 접촉한다.

2 보고서 글자·표현에 얽매이지 않는다.

3 권력기관에 당당하게 맞선다.

4 국제적으로 조직의 위상을 높인다.

5 국회 준비·대응은 직원들에게 부담을 주지 않는다.

6 참석하는 회의의 자료를 최소화한다.

7 일상적 전달 회의는 하지 않는다.

8 평소 쌓은 개인의 신뢰·평판을 조직발전에 활용한다.

9 실무자 시절 철저한 업무 자세는 유능함의 기본이다.

10 지시는 명확하고 구체적으로 한다.

일터의 범위

회사로 한정되는가 온 세상이 사무실인가

멍 상사에게 사무실은 요새이자 진지다.

위험한 세상으로부터 지키고 사수해야 할 곳이다. 그래서
사무실에서 거의 움직이지 않는다. 지시·통제가 가능한 사무실
은 안전하지만, 불확실성과 예측이 어려운 외부는 불안하기
때문이다. 새로운 지식, 변화에 대응하는 능동적 자세 등은
자신과는 관계가 없다고 여긴다. 출장은 가능한 가지 않는다.
오직 직원을 철저히 감독, 통제해서 사고가 생기지 않게만 한다.
자기 자리 유지가 최선이기 때문이다. 조직의 중요한 사안이
관련된 경우에도 가급적 외부에 나가서 설명하지 않으려 한다.
나가더라도 최소한으로, 형식적으로 임한다. 24시간 365일이
거의 똑같다. 변화라는 단어는 존재하지 않는다.

비서는 긴장하지 않는다. 상사가 늘 똑같이 행동하기 때문이다.
항상 하던 대로만 하면 되기 때문이다.

유 상사는 온 세상이 사무실이다.

변화하는 바깥세상에 발맞추어 자신도 열심히 변화한다.

사무실에 있는 시간은 거의 없다. 조직의 활로를 열고 직원의 역량을 키우기 위해 끊임없이 외부와 접촉한다. 그렇기에 출장이 잦다. 조직발전을 위해 관련 부처 사람들을 만나고 조직 기능 확대와 예산 확보를 위해 외부로 뛰어다닌다. 예산이나 조직과 관련된 사안은 수십 번의 외부기관 방문도 마다하지 않는다.

나가는 횟수가 많음은 물론, 나가서도 최선을 다한다. 나가는 횟수만큼 성과가 발생함을 알고 있기 때문이다.

조직 활동을 외부에 널리 알리기 위해 국내 사람들은 물론 외국인들도 직접 만난다. 유창한 영어로 설득력 있게 전파한다. 직원은 상사의 대외활동에 큰 기대를 하며 조직의 밝은 미래를 꿈꾼다.

02

보고서

보고서는 그 자체가 목적이 아니다

유 상사는 보고서가 아니라 보고내용을 중시한다.

아주 중요한 내용이 아니면 보고서 작성을 금한다. 보고서 만들 시간에 현장을 가라고 지시한다. 직원의 보고는 구두보고 또는 전화, SNS로 실시간으로 이루어진다. 상사의 역할은 정확한 상황 파악과 신속한 결정임을 알기 때문이다. 직원의 보고서도 굳이 고치지 않는다. 문장을 줄이는 데에 목숨 걸지 않는다. 내용과 주장을 뒷받침할 수 있는 증거자료들을 보강 하라고 하고 큰 방향만 결정해 준다. 보고는 10분을 넘기지 않고 신속하게 종료된다. 짧은 보고였으나 직원은 상사로부터 큰 배움을 얻었다고 느낀다. 조직은 신속하게 움직이고 업무 는 정확하게 이루어진다.

멍 상사는 보고서 고치는 것에 집중한다.

글자 하나하나, 가로세로 줄 간격, 오탈자, 마침표, 쉼표, 따옴표, 격자… 초등학교 국어 글짓기 시간을 방불케 한다. 직원이 보고서를 가져오면 연필부터 자동으로 든다. 멍 상사의 책상에는 하루에도 20자루 이상의 연필이 사용된다. 상사의 통찰력과 비전 제시는 없고 연필, 빨간 펜으로 지우고 덧붙인 수정만 가득하다. 고치고 또 고치고 보고서 한 개에 보통 서너 번 수정이 이루어진다. 계속 수정하다 보면 결국 최초에 작성한 보고서와 내용이 같아진다. 보고 한 번 하려면 하루의 절반이 소요된다. 직원은 현장에 갈 시간도 없어지고 보고서 내용은 현실과 동떨어지게 된다. 조직은 현실을 반영하지 못한다.

 D국장

직원이 보고하러 가면 제일 먼저 연필부터 잡는다. 고치기 위해서이다. 보고자를 테이블 옆자리에 앉히고 두어 시간 정도를 숨도 안 쉬고 고치고 또 고친다. 연신 연필을 깎아가면서···. 보고 한 번에 연필 7~8자루 깎는 것은 보통이다. 처음 보고했던 보고서의 글자는 거의 남아 있지 않다. 국장이 그 보고서를 처음부터 다시 쓰는 것과 같게 된다. 직원은 생각한다. 나는 지금 무엇을 하고 있는가?

 O차관

사무관 시절부터 보고서 작성에 있어서 완벽하다는 평가를 들어온 O차관. 마침내 공직의 최고위직까지 올랐지만, 보고서에 대한 기본 생각은 차관이 되어도 변하지 않았다. 직원은 차관 보고를 꺼린다. 보고서 내용에 대해 수많은 질책이 예상되기 때문이다. O차관은 보고서 내용이 논리적으로 완결성이 확보되지 않으면 될 때까지 수정 보완을 요구한다. 그러나 현실은 보고서와 같이 항상 논리적으로 연결되지 않는다. 중요한 것은 현장에서 발생하는 문제에 대한 신속하고 현실적인 대응과 대책 마련이다. 직원은 O차관의 끝도 없는 보고서 수정요구를 들으며 보고서를 만드는 목적에 대해 깊은 회의에 젖어든다. 문제해결을 위한 보고서가 아니라 보고를 위한 보고서를 만들고 있다는 생각이 들기 때문이다. 또한, 자신의 차관이 현실에 사는 사람이 아니라 보고서의 글자만 보고 살아가는 사람으로 한심하게 여겨진다.

구들목 장군

조직 밖에서 문제해결 역량이 있는가?

유 상사는 조직 내부에서도 당당하지만, 외부에 나가면 더 당당하다.

유능한 상사는 외부에 나가서 때로는 격렬하게 싸우기도 한다. 조직과 직원의 사기를 위해 싸운다. 직원이 해내기 힘들고 어려운 일, 조직발전을 위해 반드시 헤쳐나가야 할 일을 위해 자신 있게 추진한다. 더 큰 권한과 규모를 지닌 다른 조직 앞에서도 당당하게 맞선다. 자신감 있는 상사의 모습을 본 직원은 자부심을 가진다. 빛나는 상사의 모습에서 조직의 밝은 미래를 본다. 내부에서도 존경받는 상사는 외부활동에서 더욱 존경받는다.

멍 상사는 조직 내에서만 힘이 넘친다.

내부에서 늘 활기차게 직원을 통제, 감시, 감독한다. 당당한 자신의 모습에 스스로 자랑스러워한다. 외부와 협조가 잘 되지 않아 문제해결이 안 되어도 자신이 나서지 않는다. 직원은 그런 상사로 인해 괴로움만 가중된다. 그러나 어쩔 수 없이 외부에 나가게 되면 조직 내부에서의 당당함, 기세등등한 모습은 어느새

사라지고 침묵 모드로 전환된다.

주변의 눈치만 살피는 비굴한 모습을 보인다. 멍 상사는 빨리 회의가 끝나기만을 기다린다. 회의가 끝나고 조직에 돌아오자마자 다시 위풍당당한 구들목 장군으로 돌아간다.

K국장

Y신도시 조성이 신속하게 이루어져야 하는데 D부처로 인해 도시기반 공사가 지연되고 있다는 수천 명의 집단 민원이 제기되었다. K국장은 이를 해결하기 위해 담당조사관과 D부처를 방문해 책임자(육군 소장)를 만났다.

십여 명의 굳은 표정을 지닌 대령이 그 책임자를 호위하며 민원 해결에 도움을 줄 수 없다고 하였다. K국장은 책임자인 육군 소장에게 "나는 이 집단민원 해결의 책임을 지고 있으므로 해결이 안 되면 사표를 내겠다"고 하였다. 그러면서 "이 여파로 D부처 책임자도 옷을 벗을 가능성이 있다."고도 했다. 그 말을 들은 D부처 소장은 즉시 민원 해결에 최선을 다하겠다고 약속했고 얼마 지나지 않아 그 민원은 해결되었다.

해외 출장
글로벌 역량을 갖추고 있는가?

유 상사는 해외에서도 활기가 넘친다.

이런저런 제약이 없는 외국에서 능력을 발휘하는 것이 오히려 국내보다 더 편하다. 그렇기에 영어도 제약이 되지 않는다. 중요한 것은 컨텐츠이기 때문이다. 영어 실력도 결코 뒤떨어지지 않는다. 국내에서도 늘 글로벌하게 생활했기 때문이다. 해외 출장에 필요한 모든 발표자료, PPT는 당연히 상사 자신이 직접 만든다. 출장 준비도 최소화하여 간결하게 마무리된다. 직원은 상사의 모습에 자긍심을 갖는다. 자신들도 훗날 상사가 되면 그렇게 하겠다는 다짐을 한다.

해외에서도 공식 행사 이외에는 직원에게 최대한의 자유 시간을 부여한다. 유 상사는 국제회의에서도 빛난다. 발표 시 핵심 위주의 간결한 발표로 좌중을 압도한다. 읽기 경진대회에 나온 것처럼 돋보기 끼고 줄줄이 읽기만 하는 다른 상사와는 차별된다. 발표가 끝나면 질문들이 쏟아진다. 질문 응답에는 거침이 없다. 당당한 상사의 발표와 답변을 바라보는 직원도 함께 당당해진다.

멍 상사도 해외 출장을 간다.

　해외는 가고 싶지만, 막상 나가면 불안하다. 그래서 항시 유능한 직원을 데리고 간다. 그리고 철저한 준비를 지시한다. 해외 출장 자료를 만들 때는 평소보다 2배 이상 강도가 더해진다. 직원을 최대치로 볶아댄다. 자신이 없기 때문이다. 직원이 만들어 온 발표원고는 글자가 안 보일 정도로 고치고 또 고친다. 번역을 해야 하는데 원고가 끝이 나지 않아 직원은 애가 탄다. 결국, 번역할 시간을 놓쳐서 대충 번역해서 들고 간다. 출장을 가기도 전에 직원은 모두 탈진 상태가 된다. 발표원고 말고도 수도 없는 지시사항이 하달된다.

　출장 가서는 국내보다 더 볶아댄다. 눈떠서부터 잘 때까지 한시도 직원을 자신의 곁에서 못 떠나게 한다. 불안하기 때문이다. 회의장에서는 국내에서 펄펄 날던 모습은 온데간데없고 표정도 말도 없는 완전한 무존재로 일관한다. 질문이 나오면 진땀을 흘리며 옆에 직원에게 대답하라고 다그친다. 회의가 끝나고 한국식당으로 들어가면 다시 생기가 돈다. 한없이 과거의 무용담을 떠들어 댄다. 직원은 멍 상사 출장에는 다시는 안 가겠다고 결심한다.

B국장

베트남 하노이 국제회의장. 늘 그렇듯이 영국, 미국을 비롯한 선진국 출신 퇴임 고위관료들로 구성된 국제회의 패널들.

유창한(?) 자국어(영어)를 무기로 매끈한 파워포인트로 쉬지 않고 말을 이어간다. 자신들의 현실과는 동떨어진 선진국 패널들의 공감 없는 충고와 가르침에 지쳐가는 개도국 출신 참석자들. K국장의 발표순서가 되었다. 첫 마디부터 참석자들의 졸린 눈을 뜨게 만들었다, "이런 국제회의 대부분이 지루하게 졸린 상태로 끝나지만 아주 예외적으로 그렇지 않은 경우가 있다. 오늘이 바로 그 날이다" 최빈곤 국가에서 경제 선진국으로 우뚝 서게 된 대한민국의 실제 경험을 통해 거침없이 문제점과 대책을 쏟아내는 K국장의 발표에 참석자들은 처음으로 공감과 함께 오늘 참석이 의미있다는 생각을 하게 된다. K국장의 발표에는 자신들의 고민이 모두 담겨있었기 때문이다. 장황하고 내용 없는 다른 패널에 비해 짧았지만 울림이 컸던 K국장 발표. 물론 질문도 오직 K국장에게만 쏟아졌다.

국회 준비

평소 준비가 되어 있는가?

유 상사는 평소처럼 준비한다.

유난스럽지 않다. 평소 업무 파악이 잘 되어 있기 때문이다. 그래서 기본적인 내용과 핵심만 챙긴다. 준비 회의는 하지 않는다. 지엽적인 것들은 신경 쓰지 않는다. 수행하는 직원은 거의 없다. 직원이 대신해야 할 일이 없기 때문이다. 국회 준비를 위해 직원의 시간을 빼앗지 않는다. 국회가 시작되면 당당하게 임한다. 실력과 인품으로 쌓아온 역량을 당당히 펼쳐나간다. 모르는 것은 모른다고 한다. 시비를 거는 의원들도 없다. 의원들의 질의 답변은 신속하게 종료된다. 업무 파악이 잘되어 있다는 칭찬과 함께…

직원은 상사가 자랑스럽다.

멍 상사에게 국회는 사활을 건 전투다.

2주 전부터 비상태세에 돌입한다. 조직 전체가 상사를 위한 참고용 지원부대로 전환한다. 매일 독회(예상 질문 답변)가 개최되고 모든 업무는 국회 준비를 위해 중단된다. 2~3일 전부터는 거의 밤샘 모드로 전환된다. 멍 상사는 퇴근도 하지 않고 자신의 사무실에서 숙식을 해결한다. 직원도 집에 못 간다. 극도의 피로가 쌓인다.

국회가 열리면 모든 간부가 다 배석한다. 의원들 질의가 시작되면 멍 상사는 머릿속이 멍해지고 하얗게 변한다. 극도의 수면 부족으로 인해 발생한 현상이다. 의원들 질문에 대답을 못 한다. 무능한 상사라는 질타가 이어진다. 자리를 가득 메운 직원은 비통함을 느낀다.

이런 자가 자신들의 상사라는 사실에….

회의자료
회의자료에 목숨 거는 상사

　유능한 상사는 매주 참석하는 실·국장 회의에 작은 수첩 한 개를 들고 간다.

　그 모습은 당당하고 위엄이 있다. 실력이 몸에서 뿜어져 나오기 때문이다. 직원은 상사가 회의에 간다는 사실조차도 모른다. 각자 자기 업무만 집중하면 되기 때문이다.

　유능한 상사는 중요한 업무들을 평소부터 정확하게 파악하고 있기 때문에 회의마다 별다른 준비가 필요 없다. 회의장에서도 그는 존재감으로 빛난다.

　멍 상사가 회의에 참석하게 되면 해당 부서는 들썩거린다.

　회의자료는 두꺼운 책 한 권에 육박한다. 회의 안건별로 말씀자료, 참고자료, 각종 통계 현황, 신문 스크랩… 목차가 수십 개에 이른다. 매주 마다 하는 회의에 왜 이런 야단법석을 떨어야 하는지 직원은 이해가 안 간다.

　멍 상사는 전쟁터에 나가는 군인의 각오로 임한다. 그러나 회의가 시작되고 멍 상사 발언 차례가 되면 멍 상사는 자료를 찾다가 제대로 발언을 못 한다. 횡설수설 장황하게 이야기하다가 요점만 말하라는 주의를 받게 된다. 이 때문에 회의에서 무능한 자로 기억된다.

 S국장

특별한 회의도 아닌데 매주 하는 회의마다 들기도 힘들 만큼 무거운 서류철을 들고 회의장에 들어간다. "국장님 말씀자료, 말씀 참고자료, 주요 현안 자료, 보조 참고자료…" 그러나 그런 자료들을 펼쳐 볼 틈도 없이 회의는 끝이 난다. S국장이 준비한 자료를 가지고 발언한 경우는 단 한 번도 없다.

전달 회의
회의 결과를 반드시 전달해야 하는가

유 상사는 특별한 경우를 제외하고는 전달 회의를 하지 않는다.

바쁜 직원을 구태여 부르지 않는다. 일상적인 내용은 전할 필요가 없다고 판단한다. 전달 회의에 오는 시간을 없애서 직원의 시간을 최대한 지켜준다. 직원은 자신의 업무에 전념한다. 그래서 높은 성과로 이어진다.

멍 상사는 즉시 전달 회의를 소집한다.

회의 중에는 한마디도 못 했지만, 자신의 사무실에서 팀원들에게 전달할 때는 사뭇 다르다. 엄숙하고 비장하게 열변을 토한다. 자신이 마치 회의석상에서 중요한 발언을 한 듯이 이야기한다. 팀원들은 열심히 받아 적는다. 1시간 넘게 전달 회의는 계속된다. 지친 팀원들은 자신의 노트에 그림을 그리거나 낙서를 하기도 한다. 특별한 내용도 자극도 발전도 없는 전달 회의는 매번 반복된다.

08

네트워크의 필요성

조직발전은 네트워크 크기에 비례

유 상사는 조직의 방향, 나아갈 길을 찾기 위해 전력을 다한다.

결정적인 일들은 공식적인 통로, 과정이 아니라 비공식적인 인간관계가 더 중요하다는 사실을 알고 있기 때문이다.

조직의 역량 향상을 위해 자신의 개인적 네트워크까지도 활용한다. 조직발전을 위해 그동안 쌓아온 공적, 사적 인간관계와 네트워크를 총동원한다. 부단히 외부 사람들을 만나고 협력을 모색한다.

유 상사로 인해 외부협조가 활발해진다. 대단한 외부인사들의 방문이 계속해서 이어진다. 뛰어난 개인적 역량과 자신의 매력으로 조직에 대한 우호적 분위기를 만들어간다. 유 상사를 가진 조직은 발전한다.

멍 상사는 대외협조는 불필요하다고 믿는다.

할 일만 하면 되지 외부와 협조하는 것은 쓸데없는 일이라 믿는다.

멍 상사를 찾아오는 외부인사는 거의 없다. 시간이 갈수록

IV. 실력 없는 상사 **127**

외부와 단절되고 조직은 고립된다. 직원들도 고립된다. 무슨
일이 생겨도 협력을 구할 수가 없다. 조직은 정체하고 퇴보
한다.

09
승진할수록 무능해지는 이유

유 상사는 실무자 시절부터 남달랐다.

매사에 철저하고 완벽을 기했다. 약간의 실수에 대해서도 스스로 용서하기가 힘들었다. 자신이 맡은 업무에 대해서만큼은 늘 최고가 되기를 원했다. 늘 자신의 발전을 고민하고 실력을 쌓았다.

10년간 피땀으로 쌓은 실무자 경험은 그 후 과장 – 국장 – 청와대 근무 – 해외근무에서도 빛을 발하게 된다. 직급이 올라갈수록 큰 틀에서 큰 방향으로 직원을 이끌어 주었다. 직급에 걸맞는 상사라는 사실을 실천으로 보여주었다. 그러나 그런 역량은 실무자 시절의 치열함과 철저함이라는 기초가 단단했기 때문에 가능한 것이었다.

멍 상사도 실무자 시절부터 남달랐다.

동료들과 자료 공유는 물론 조금이라도 좋은 것은 절대로 남들과 나누지 않고 혼자만 차지했다. 갈라파고스처럼 혼자만의 울타리를 높이 치고 생활했다. 직급이 올라갈수록 능력이 올라가는 것이 아니라 혼자만의 울타리 높이만 더 올라갈 뿐이었다. 그 결과는 직원에 대한 끊임없는 의심과 점검, 확인의 역량만 더 심화될 뿐이었다.

멍 상사의 역량은 실무자 시절과 동일한데 직급만 올라간 것이었다. 세월이 흘러 직급은 국장이 되었지만, 역량은 사무관 시절의 그것에 머물고 있다.

 ### V과장

실무자 시절부터 철저한 업무처리로 명성이 높은 V과장. 자신이 맡은 국제협력 분야는 자타가 공인하는 국내 최고 수준.

장관을 모시고 나가는 해외출장에 V과장의 내공은 빛이 난다. 모든 회의자료, 방문 기관 자료 및 참고자료 등 회의자료 작성은 물론 방문일정에 따른 각종 오·만찬 참석자, 주요인사 면담 및 틈새 시간을 이용한 주요 행사 기획 등 30분 단위의 완벽한 스케줄 작성과 이동계획을 수립한다.

무엇보다도 장관이 머물게 될 숙소에 대한 점검도 완벽을 기한다. 다른 일정들을 완벽하게 수행해도 숙소가 불편하다면 심각한 문제가 발생하기 때문이다. 해외에 도착 후 장관과 일행들이 식사를 하는 동안 V과장은 혼자 장관 숙소를 미리 방문해 예약된 객실 주변 소음 상태, 실내화, 음료수 비치, 목욕 비품, 가운 및 화장실 배수 상태까지 완벽하게 체크한다.

이런 치밀함으로 1주일 일정의 해외 출장은 장관의 만족이라는 성과를 V과장에게 안긴다. V과장은 자신의 업무 경험을 매뉴얼로 만들어서 후배들이 참고하도록 과에 배치한다. 그러나 V과장이 떠난 후 그 매뉴얼을 참고해 업무를 더 발전시킨 후배 과장은 없었다.

❿
구체적이지 못한 지시

유 상사는 명쾌하다.

보고를 받으면 지시는 구체적이고 방향은 명확하다. 직원이 혼란과 착오 없이 업무를 추진할 수 있도록 항시 분명하고 명쾌한 지시를 내린다. 직원은 유 상사의 업무 스타일을 좋아한다. 복잡하고 애매한 사안들도 상사의 방에만 들어갔다 오면 뒤엉킨 실타래가 깨끗하게 풀리듯이 풀리기 때문이다. 유 상사의 업무 능력이 탁월하다고 직원은 입을 모은다.

멍 상사는 고민이 많다.

보고하러 들어가면 이런 얘기 저런 얘기로 직원이 갈피를 잡기 어렵게 한다. 어떤 사안에 대해 수십 가지 해결책을 제시하기도 한다. 아침에 정했던 결정도 오후가 되면 바뀐다. 현실적인 해결책을 찾기 위해 부단히 애쓰고 노력한 직원이 멍 상사로부터 방침을 받기 위해 보고를 하면 엉뚱한 방향으로 결론을 내어 버린다. 전혀 현실성이 없는 결론을 제시하고, 보고서 글자만 고치는 멍 상사를 바라보며 직원은 깊은 좌절을 느낀다. 업무는 정상적으로 추진되지 못한다.

Z국장

평소에도 오락가락하는 지시로 직원을 헷갈리게 하는 Z국장. 보고하러 들어가면 방향제시나 결론은 없고 계속 보고서 글자만 수정한다. 현장은 가보지도 않았으면서도 마치 자신이 현실을 꿰뚫고 있는 것처럼 장광설을 늘어놓는다. 현실적인 해결책이 급한 직원은 속이 탄다. 국장은 계속 뜬구름 잡는 소리만 늘어놓으면서 보고서를 만지작거리기만 한다.

직원은 차라리 국장이 없으면 일이 훨씬 쉽게 추진되고 해결도 쉽게 될 텐데 하며 깊은 한숨을 내 쉰다. Z국장은 계속 보고서 글자만 한두 자씩 고치고 있다.

V

존재감 없는
상사

판단력 · 통찰력

상사가 상사답지 못하다면 사실상 상사가 없는 것과 동일하다.
조직발전과 직원 역량 향상에 관심이 없고
오직 자신의 안위에만 관심을 지닌 상사….
직위만 있고 역할은 없는 투명인간 같은 상사들이다.

1 직원·조직의 업그레이드를 위해 고민한다.

2 직원들의 현장 출장을 적극 지원한다.

3 부하직원의 선조치, 후보고를 권장한다.

4 통상적인 업무 보고는 생략한다.

5 자신에 대한 진정한 평가자는 직원들이라고 믿는다.

6 승진은 실력향상에 따른 성과의 결과이다.

7 평소 직원과 소통하고 퇴근 후, 주말에는 직원에게 연락하지 않는다.

8 어떤 상황에도 자신의 위치에 걸맞게 행동한다.

9 소신·판단에 따라 부당한 지시를 거부한다.

01
상사의 고민
무엇을 위해 고민하는가?

유 상사는 자신과 직원이 속한 조직의 지속 가능한 발전을 고민한다.

직원의 의견을 경청하며 최선의 방안을 함께 연구한다. 현실성 없는 무리한 목표나 과시적인 홍보성 일들은 벌이지 않는다. 현실을 직시하되 조직의 핵심역량을 강화하는데 모든 역량을 쏟는다. 관련 기관들의 비판과 견제를 뚫고 조직이 앞으로 나아가야 할 방향으로 당당하게 나아간다. 자신의 역할은 조직을 한 단계 더 업그레이드시키는 것이라 믿기 때문이다. 그리고 시도 때도 없이 직원을 격려한다.

당신은 우리의 미래라면서….

멍 상사도 고민한다.

자신의 지속 가능한 승진과 자신의 안전을 고민한다. 멍 상사에게 지금 자리는 좀 더 힘 있고 좋은 자리로 가기 위한 발판일 뿐이다. 직원에게 조직발전을 위해 지금보다 더 분골쇄신할 것을 목청 높여 주문한다. 이런저런 조직발전방안을 발표한다.

그러나 직원은 멍 상사의 말이 진정성이 없음을 곧 알게 된다. 얼마 후 더 좋은 자리가 멍 상사에게 제안된다. 멍 상사는 미련 없이 그 조직을 떠난다. 직원은 멍 상사가 쏟아 붓던 말들을 기억하며 배신감을 느낀다. "낙하산은 이제 그만⋯."

02
우문현답
현장을 중시하라

유 상사는 현장에 답이 있음을 안다.

그래서 건배사도 "우문현답"이다. "우리의 문제는 현장에 답이 있다!"라는 말의 줄임말이다. 직원에게 현장에 반드시 나가라고 지시한다. 현장을 모른다면 현실에 기반하지 않은 공허한 것임을 강조한다. 직원은 현장에 열심히 나간다. 출장을 위한 사전 보고는 거의 없다. 유능한 상사는 추위, 더위, 장거리 등으로 직원이 출장을 꺼릴 것을 우려한다. 모든 출장은 결과와 성과로 연결된다. 장황한 출장 결과 보고서도 없다. 출장 후 메일이나 SNS로 보고한다. 상사는 출장자들의 보고에 신속한 결정을 내린다. 조직은 살아 움직이고 직원들은 활력이 넘친다.

멍 상사도 직원 출장에 관심이 많다.

직원이 출장을 가겠다는 것을 우려한다. 출장지에서 발생할 지도 모르는 사건 사고를 우려하기 때문이다. 출장을 위한 사전 보고를 매우 엄격하게 심사한다. 출장 내용 하나하나에 깨알 같은 의문과 지시를 쏟아낸다. 왜 가는가, 누구와 가는가,

가서 누구를 만나는가? 어디서 자고 먹는가? 출장 가서 해야 할 업무목록을 만들어라…. 끝도 없이 이어지는 질문에 직원은 숨이 막힌다.

결국, 출장을 포기한다. 멍 상사는 안도의 숨을 쉰다. 출장을 못 가게 하는 것이 멍 상사의 지휘방침이기 때문이다. 직원을 믿지 못하기 때문이기도 하다. 그 때문에 현장의 소리는 업무에 반영되지 않는다.

 J국장

G부 실국장 회의. 차관이 직원 출장에 대해 훈시한다. 불필요한 출장을 줄이라고 지시한다. 듣고 있던 J국장이 말을 한다.

"나는 직원이 출장을 가는 것이 걱정되는 것이 아니라 직원이 출장을 가지 않으려 할까 봐 걱정됩니다."

출장을 가지 않으면 민원 해결이 어렵기 때문이다. J국장은 더운 날이고 추운 날이고 민원 해결을 위해 출장 가는 직원이 늘 고맙기만 하다.

선조치 결정
부하직원이 할 수 있는가

유 상사는 급박한 상황에서는 먼저 조치하고 나중에 보고하라고 지시한다.

시급한 판단이 필요한 경우 현장에 있는 직원이 가장 잘 알기 때문이다. 직원은 신속하게 대응한다. 일은 신속하게 처리되고 조직은 앞으로 나아간다.

멍 상사는 모든 업무는 사전 보고가 철칙이다.

문제가 생기면 자신이 책임을 져야 할 수도 있기 때문이다. 모든 것의 기준은 '자신의 자리를 지킬 수 있는가'이다. 사전 보고를 하다가 타이밍을 놓치게 된 팀원은 애가 탄다. 보고하느라 적기를 놓쳐 일은 실패하게 된다. 해당 직원이 책임을 지고 사직하게 된다. 멍 상사는 그 자리에 계속 남아있다.

업무보고

반드시 받아야 하는가?

새롭게 부임한 유 상사는 통상적으로 해 오던 업무보고를 받지 않는다.

각자 평소에 자기 일들을 열심히 하고 있으면 그것으로 충분하다고 생각한다. 신임 상사를 위한 업무보고는 어차피 하던 일들에 이런저런 말로 포장만 덧붙이는 내용이므로 직원 입장에서는 하던 일을 또 한 번 더 하는 의미밖에 없기 때문이다.

장관이 국장으로부터 세세한 보고를 받게 되면 장관은 결국 국장이 된다. 국장은 국장일을 하면 되고 장관은 장관 스스로의 일을 해야 한다.

유능한 상사는 상투적인 업무보고가 아닌 조직의 활로, 비전, 미래를 위해 직원의 아이디어를 구한다. 보고서 형태가 아니라 브레인스토밍이다. 유 상사는 직원의 생각과 희망을 바탕으로 자신의 프로젝트를 구상한다.

유 상사와 직원 간의 첫 만남은 업무보고와 일방적 지시가 아니라 상사와 직원이 함께 조직의 미래를 고민하는 워크숍과 같다.

멍 상사는 보고받는 것이 자신의 존재 이유다.

일 년 내내 이런저런 보고를 받는 것으로 시간을 다 보낸다. 자신만의 철학, 소신, 과제가 없기 때문이다. 일일 보고부터 매주, 매월, 연말, 연초 보고…. 회의자료는 회의 종류만 다를 뿐 내용은 늘 동일하다. 같은 내용을 모아 놓은 것에 불과하다. 공장에서 매일 똑같이 만드는 제품처럼 생각 없이 그냥 만들어 낸다. 보고방식도 마치 읽기 경진대회 하는 것 같다. 모두 보고서 내용을 열심히 읽어댄다.

직원은 똑같은 내용의 보고 자료와 보고방식에 아무런 긴장도 기대도 하지 않는다. 멍 상사는 너무나 바쁘게 일 년을 보냈다고 스스로 만족한다. 직원은 아무런 발전도 없이 또 일 년이 흘렀다고 생각한다. 조직은 정체한다.

05

상사에 대한 평가
평가의 주체가 누구인가

유 상사는 자신에 대한 진정한 평가는 조직 구성원에 의해 내려진다고 믿는다.

조직을 유지 발전시켜 나가는 사람들은 조직 구성원이기 때문이다. 유능한 상사는 판단과 결정을 내릴 때 늘 장기적 관점과 직원의 발전을 고려해서 결정을 내린다. 눈앞의 성과에만 매달리는 조직의 미래는 없다. 시간이 흐른 뒤 직원으로부터 "그때 그 상사가 그런 결정을 내렸기 때문에 지금 우리가 이렇게 조직을 유지 및 발전시킬 수 있게 되었다"라는 평가를 받는다.

멍 상사는 자신에 대한 진정한 평가는 윗선에 의해서 이루어진다고 믿는다.

멍 상사는 힘없는 부하직원은 무시한다. 판단과 결정은 늘 지금 상사를 위해 이루어진다. 자신의 승진이 상사에게 달려 있다고 믿기 때문이다. 시간이 흐른 뒤, 직원에 의해 "그때 그 상사는 참으로 멍청하고 무능했다"라고 회자된다. 조직이 가장 암울했던 시절은 그 상사가 있었을 때였다고 기억한다.

승진의 의미
일하는 시간의 연장인가 실력 상승인가

유 상사에게 승진은 일하는 실력이 늘어났음을 의미한다.

스마트한 생각과 현명한 판단으로 조직에 기여하고 직원에게도 인정받은 결과라고 생각한다. 승진에 어울리게 더욱 좋은 아이디어와 생각으로 업무를 해나갈 것을 다짐한다. 발전하는 상사로 인해 직원도 업무발전은 물론 개인적 실력도 늘어나게 된다. 조직은 발전한다.

멍 상사에게 승진은 일하는 시간의 증가를 의미할 뿐이다.

육체적으로 가장 바쁘게 움직인 결과가 승진으로 돌아왔다고 생각한다. 승진했으니 더욱 격하게, 바쁘게 움직일 것을 다짐한다. 직원은 멍 상사가 승진하기 전보다 더욱 힘들어졌다. 멍 상사의 일하는 시간이 더 늘어남에 따라 자신들이 일하는 시간도 늘어나고 퇴근도 그만큼 더 늦어졌기 때문이다.

새벽 이메일
직원과 소통하는 방식

멍 상사는 직원에게 새벽에 업무 관련 메일을 보낸다.

그것이 멍 상사의 직원 소통방법이다. 상사가 새벽까지 업무에
전념한다면 직원도 감동할 것으로 믿는다. 직원은 처음에는
상사가 업무에 뜨거운 열정이 있어서 그런가 하고 긍정적으로
생각하였다. 그러나 계속되는 상사의 편집증적인 새벽 메일에
짜증이 나기 시작한다. 모든 것을 다 확인하고 챙겨야 하는
멍 상사에게 24시간은 너무나 짧을 수밖에 없다.

멍 상사는 퇴근도 주말도 없다. 365일 내내 모든 것을 챙겨야
하기 때문이다. 직원은 퇴근한다. 그러나 모든 것을 챙겨야
하는 멍 상사는 또 사무실에서 밤을 새운다. 새벽 한두 시에
직원에게 이메일로 업무를 지시한다. 상사의 새벽 메일로 잠을
설치던 직원은 이제 무시하고 그냥 잠을 잔다.

유 상사는 새벽에 이메일을 보내지 않는다.

평소 직원과 충분히 소통하고 대화하기 때문이다. 주말에는
자신이 좋아하는 책을 읽거나 영화를 본다. 때로는 글도 쓴다.

자신이 썼던 글 중에서 공유하고 싶은 것은 주말이나 퇴근 시간 후 직원에게 가끔 보내기도 한다. 업무와는 관계없는 글이라 직원의 반응도 좋다. 상사와 소통하는 수단으로 이해한다. 업무는 업무시간만으로도 충분하기 때문이다. 선택과 집중을 실천하고 자신이 해야 할 일만 한다.

상사의 역할은 감시자, 확인자가 아니라 치어리더라는 사실을 잘 알고 있기 때문이다. 그 바탕에는 직원에 대한 신뢰가 놓여 있다. 신뢰하기 때문에 자신의 일에 시간을 쓸 수 있다.

08

자기의 역할을 모르는 상사

그 자리에 요구되는 역할을 알고 있는가?

멍 상사는 상황에 따른 자신의 역할을 모른다.

말을 해야 할 때와 안 해야 할 때의 구분을 모른다. 상사로서의 자질이 부족하기 때문이다. 지위에 따르는 권한은 100% 주장하고 누리지만 그 지위에서 요구하는 역할은 모른다. 외부에서 기관장이 새로 와서 조직의 상황과 현실을 고려하지 않은 무리한 요구를 직원에게 폭발적으로 쏟아내고 있는 상황에서 더욱 드러난다.

모든 직원은 조직 서열 2위인 멍 상사가 방패막이 역할을 해줄 것으로 기대한다. 그러나 곧 자신들의 기대가 전혀 가능성이 없는 망상이었다는 것을 깨닫게 된다. 멍 상사는 직원의 고민과 고통에는 아무런 관심이 없기 때문이다. 멍 상사는 조직의 2인자로서 조직의 철학과 그동안의 성과 및 애로를 새 기관장에게 적극적으로 설명하기보다는 침묵으로써 새로운 기관장에게 맹목적으로 충성하고 아부한다. 직원은 실망감과 분노로 멍 상사를 성토한다. 멍 상사는 아랑곳하지 않고 자신의 임기를 끝까지 채운다.

유 상사는 자신의 역할에 대해 고민한다.

조직 현실을 모르는 신임 기관장으로부터 직원을 어떻게 보호하고 조직을 지켜갈 것인가를 심각하게 고민한다. 자신을 의지하는 직원을 무겁게 받아들이며 직원의 바람이 헛되지 않도록 자신이 해야 할 일들을 신중하게 추진한다. 새로운 기관장이 쏟아내는 수많은 요구가 조직 현실에 부합되지 않더라도 정면에서 반박하지 않는다. 그 기관장이 스스로 조직의 현실을 정확히 인식하도록 인내를 가지고 설득해 나간다. 힘들어 하는 직원에게도 자신이 책임지겠다고 다독거리며 직원이 이탈하지 않도록 최선을 다한다. 시간이 흐름에 따라 새로운 기관장도 조직의 현실을 서서히 깨닫게 된다. 조직은 다시 정상적인 활동을 시작하고, 직원도 안정을 되찾는다. 조직은 정상적으로 발전을 이어나간다.

09
시키는 대로 한다
영혼이 있는가? 시키는 대로만 하는가?

멍 상사는 시키는 대로만 한다.

너무 시키는 대로만 하기 때문에 로봇 같은 느낌을 줄 때가 많다. 소신, 주관, 자기 생각이라는 단어는 멍 상사 사전에는 없는 단어들이다. 말도 안 되는 불합리한 사항임에도 상부의 지시에 따라 토씨 하나까지 정확하게 읽어댄다. 너무 강하게 읽는 바람에 꼭 초등학생이 읽기대회에 나온듯하게 보일 때도 있다. 그런 덕분에 멍 상사는 높은 자리를 오랜 기간 유지한다. 그러나 그가 그러고 있는 동안 그가 맡은 분야에는 돌이킬 수 없는 문제가 발생한다. 최장수로 그 자리를 지켰지만, 조직과 구성원은 최악의 리더로서 그를 기억할 뿐이다. "지금까지 이런 상사는 없었다"라고 기억된다.

유 상사는 자신의 판단과 소신에 따라 일을 처리한다.

판단 기준은 당연히 합리적이며 모든 사람이 원하는 방향이다. 상부의 지시를 일방적으로 무시하지는 않지만, 상식과 여론에 부합되지 않는 비합리적이고 독선적일 경우는 단호하게 저항하고 자신의 권한과 직위를 통해 당당하게 맞선다. 주요 정책은 많은 사람을 위해 올바른 방향으로 추진되어야 함을 유 상사는 실천으로 보여준다. 직원은 그런 유 상사가 자랑스럽다. 그러나 권력에 밉보인 유 상사는 곧 자리에서 물러나게 된다. 비록 짧은 기간 그 자리에 있었으나 조직과 직원은 그런 유 상사를 오랫동안 기억한다.

"멍 상사 유 상사"를 마치면서

지금까지 한국의 번영은 수많은 유 상사들이 있었기에 가능했다. 천연자원도 자본도 기술도 아무것도 없었지만, 신생 대한민국은 기적처럼 유 상사들로 넘쳐났다. 공직은 물론 경제계에도 100년에 한 명 날까 말까 하는 유 상사들이 수십 명이나 나타났다. 공직에도 사명감과 역량 그리고 인간미를 지닌 유 상사들이 무에서 유를 창조했다. 대한민국은 그들에 의해 번영의 기초를 다지게 되었다. 그러나 성장과 풍요가 계속되면서 사명감, 자신감, 리더십 그리고 책임감을 지닌 유 상사들은 역설적으로 사라지고 있다. 권력과 상층부에 직언도 서슴지 않던 기개 넘치던 상사들도 더는 찾아보기 힘들다. 주위를 돌아보면 온통 "가늘고 길게" 오로지 시키는 대로만 움직이는 존재감 없는 상사들만 가득하다.

생계형 상사 전성시대!

진정한 상사는 어디에 있는가?

그 자리에 걸맞은 사람이 자리를 차지하는 경우를 찾기가 어렵다. 그래서 모두가 고달프다.

"새벽에 입무 지시 메일을 보내고 기자 나사못 숫자 세어 오라는 황당한 지시나 하고 거기에 성추행 전문(?) 자치단체장들도 넘쳐난다." 소설에 나오는 이야기가 아니라 지금 대한민국 공직사회에서 벌어지고 있는 일들이다.

상사의 속성, 본질은 무엇일까? 이론과 실제는 다르다. 구성원보다 솔선수범으로 자신이 먼저 다 하는 서번트형 상사, 소통 능력이 뛰어난 상사, 구성원에 대한 공감 능력이 탁월한 상사… 어쩌면 이런 상사는 책이나 이론상으로만 존재하고 있는지도 모른다.

그러나 현실에서 매일 접하는 상사는 천차만별이다. 여기서 중요한 점은 아무리 세상이 달라지고, Z세대가 아니라 ZERO 세대가 나타난다 한들 상사는 상사다. 상사라는 단어 자체가 상하 관계, 지시, 명령, 지도의 의미를 담고 있기 때문이다.

"부모이기는 자식은 있어도, 상사를 이기는 부하는 절대로 없다."[※]

상사의 본질 자체가 직원, 구성원으로서는 피곤한 존재이다. 따라서 유능한 상사는 구성원이 느끼는 그 피곤함을 최소한으로 줄여줄 수 있는 사람을 말한다. 최대한 직원을 배려해서 직원이 권위적인 상사의 모습을 느끼지 않도록 하는 사람이다.

이 책에서 강조하고 있는 유(능한) 상사는 상사의 본질을

· · · · · · · · · · · · · ·
※ 권오현, 2020, 『초격차: 리더의 질문』, 쌤앤파커스.

정확하게 이해하는 사람이다. 상사의 본질을 알기 때문에 자신은 거기에서 벗어나려고 노력하는 사람이다.

명(청한) 상사는 쉽게 말해 상사의 본질, 특성을 최대한 유지하고 나타내는 사람들이라고 생각하면 된다. 상사의 본질에 최대한 충실하려는 가여운 자들이다. 하지만 그 본질에 충실하면 할수록 그들은 직원으로부터 멀어지게 된다. 상사의 본질에 충실하다는 것은 직원이 그만큼 피곤해진다는 것을 의미한다.

그러나 직장은 놀이 모임이나 동아리가 아니다. 직원에게 듣기 좋은 말만 한다고 해서 유능한, 유 상사가 되는 것은 아니다. 조직은 성과를 내야 하기 때문이다. 상사의 본질은 조직이 성과를 내도록 오랫동안 정립되어온 개념이다. 따라서 간단하게 무시할 수는 없다. 그래서 상사의 본질로 인해 직원이 겪는 피곤함을 최대한 줄여가면서도 직원과 공감대를 형성할 수 있는 사람만이 유 상사가 될 수 있다. 그래서 유능한 유 상사를 찾기 어려운 것이다.

대기업 신임 임원의 40%가 임명된 지 18개월 내에 적응 실패를 겪고 퇴사한다는 통계[*]가 있다. 이유는 각양각색이다. "소통, 인간관계 기술 부족, 과거 습관에 집착, 만기친람적인 디테일 중시, 더 채울 수조차 없는 다이어리…"

처음부터 명 상사인 사람은 없다. 의외로 팀원으로서는 유능했던 사람들이 위로 올라갈수록 능력이 뒤떨어지고, 결국

. . . .

[*] 권오현, 2020, 『초격차: 리더의 질문』, 쌤앤파커스.

명 상사로 변하는 경우를 우리는 주위에서 흔하게 볼 수 있다.

공직사회의 경우, 사무관으로서는 매우 유능했던 직원인데 과장이 되고 나니 일 처리가 답답해지고 직원과 소통하는 커뮤니케이션 역량도 뒤떨어지는 경우가 생긴다. 기업에서는 평사원 시절에는 스타였으나, 욕먹는 임원이 된 경우도 꽤 흔하다.

평사원이었을 때와 상사가 되고 나서는 일하는 방식, 대화 스타일, 생각의 방향이 같을 수가 없다. 실패하는 상사들의 대부분은 직원 시절의 습관과 생각, 행동을 상사가 되어서도 못 버렸기 때문인 경우가 많다.

"Right Position Right Person, 그 자리에 걸맞은 사람"

짧은 말이지만 참으로 지키기 어려운 말이다. 거대한 조직의 성패도 한 국가의 흥망도 결국 누가 그 조직, 국가의 리더가 되느냐에 달려있다. 훈련되고 준비된 리더, 상사들을 많이 가진 국가, 조직들은 안정적으로 발전한다. 그렇지 못한 국가, 조직들은 리더들을 훈련하고 키워내야 한다.

유머 능력과 유능함을 갖춘 유 상사를 우리 사회 곳곳에서 끊임없이 길러낼 수 있기를 염원한다.

2020년 12월 어느 날

| 지은이 소개 |

김의환金義桓

고려대학교를 졸업하고 강원도 인제에서 육군 병장으로 1983년 12월 만기 전역했다.
정부출연기관에서 근무 중 1990년 행정고시에 합격했다. 중앙부처에서 30여 년
간 근무하고 1급으로 퇴임했다. 미국 유학(석사)을 했고 뉴욕 UNDP 본부에서 반부패
선임자문관으로 근무했다. 고시동기회 (행시, 외시, 기시) 동기회장을 역임했고 20년
동안 비정치, 비당파, 비영리 민간 싱크탱크를 이끌고 있다. Leader is Reader임을
실천하기 위해 노력하고 있다.

| 표지 디자인 컨셉 & 일러스트레이션 |

김푸름 & 배주연

미국 프로비던스에서 각각 브라운대학교와 로드아일랜드 디자인 스쿨을 졸업하고
상사병을 피해 프리랜서로 활동 중이다.

명상사 유상사

2021. 2. 15. 1판 1쇄 인쇄
2021. 2. 26. 1판 1쇄 발행

지은이 김의환
펴낸이 김미화   펴낸곳 인터북스
주소 경기도 고양시 덕양구 통일로 140 삼송테크노밸리 A동 B224
전화 02.356.9903   팩스 02.6959.8234
이메일 interbooks@naver.com   홈페이지 www.hakgobang.co.kr
출판등록 제2008-000040호
ISBN 978-89-94138-72-5 03190   정가 13,000원